Ro 49,a
6LB2
4671850062
CB079033

veneta

Isabel Kreitz

SORGE O ESPIÃO

Título original: Die Sache mit Sorge, by Isabel Kreitz
©2008 by Carlsen Verlag, GmbH, Hamburg
www.carlsen.de

©2008 Frank Giese e Carlsen Verlag, GmbH
Este livro foi negociado pela Ute Körner Literary Agent, Barcelona
www.ukitag.com

Tradução: Fabiane Briere
Tradução dos trechos em japonês: Drik Sada
Letras: Ayala Jr.
Capa: Gustavo Piqueira / Casa Rex Revisão:
Natália Guirado e Ieda Lebensztayn
Assistência: Luan Maitan

Dados Internacionais de Catalogação na Publicação (CIP)
(Câmara Brasileira do Livro, SP, Brasil)

K922
Kreitz, Isabel
Sorge, o espião / Isabel Kreitz - Colaboração de Frank Giese
Tradução de Fabiane Briere -- São Paulo: Veneta, 2014.

Título original: Die Sache mit Sorge.
ISBN 978-85-631-3718-0

1. Literatura Alemã 2. Histórias em Quadrinhos 3. Sorge, Richard (1895 - 1944) 4. Biografia de Richard Sorge 5. Jornalista Alemão 6. Segunda Guerra Mundial I. Título II Giese, Frank, Colaborador III. Briere, Fabiane, Tradutora

CDU 821.112.2 **CDD 830**

Rua Araújo, 124, 1º andar, São Paulo
www.veneta.com.br
contato@veneta.com.br

Jürgen Seebeck é quem teve a ideia de fazer uma narrativa gráfica a respeito de Richard Sorge. Eu agradeço muito por ter me permitido tomar posse dessa ideia.

Agradeço também as sugestões e os valiosos comentários de Vincent, Ayumi, Junko e Frank. E os conselhos de Markus, Martin, Dirk, Laura e Peter.

Um agradecimento especial para Natasha e Jörn pela sua cooperação e paciência na produção técnica e na transformação de originais caóticos em algo pronto para impressão, depois de tantas correções, telefonemas e reuniões.

Isabel Kreitz

Isabel Kreitz

SORGE
O ESPIÃO

Frank Giese

veneta

EM 1930, EU E MEU MARIDO FOMOS PARA XANGAI PORQUE ELE NÃO CONSEGUIA ENCONTRAR EMPREGO NA ALEMANHA... EU ESTAVA FELIZ DIANTE DA PERSPECTIVA DE PODER AJUDAR OS CAMARADAS CHINESES QUE ESTAVAM SENDO PERSEGUIDOS.
EM XANGAI, CONHECI RICHARD SORGE E ME TORNEI MEMBRO DO SEU GRUPO. ELE E SEUS COLABORADORES ENCONTRAVAM-SE EM NOSSA CASA E EU FICAVA DE VIGIA, PARA EVITAR QUE OS CAMARADAS FOSSEM SURPREENDIDOS.
NAS PRIMEIRAS SEMANAS COMPORTEI-ME DE MANEIRA CONTIDA QUANDO O RICHARD PERMANECIA POR MAIS TEMPO PARA CONVERSAR COMIGO.
NÃO QUERIA PARECER CURIOSA... ESTAVA INSEGURA. NEM SABIA BEM SOBRE O QUE PODERIA CONVERSAR COM ELE.

ATÉ LOGO, SENHOR CLAUSEN.
ATÉ LOGO. E OBRIGADO PELO CHÁ.
HUM... COMO A SENHORA ESTÁ?
BEM, OBRIGADA.
E O SEU MARIDO? COMO VAI O TRABALHO?
NÓS ESTAMOS BEM...

O SENHOR PRECISA IR AGORA.
DIGA-ME...
HAHA... ENTÃO ESTOU SENDO EXPULSO!
QUE TAL UM PASSEIO DE MOTO?
O QUÊ?
UMA VOLTA RÁPIDA, FORA DE XANGAI...
SERÁ DIVERTIDO!
VAMOS... DIGA "SIM"!
ESTÁ BEM.

AHHH!
MAIS RÁPIDO,
MAIS RÁPIDO.

HA HA HA HA
HA HA HA HA
ENTÃO, VOCÊ GOSTOU?
EU AMEI!
A VELOCIDADE! NUNCA PENSEI... QUE A GENTE PUDESSE SE SENTIR TÃO...
LIVRE?
A VIDA AQUI CERTAMENTE NÃO É FÁCIL PARA VOCÊ...
OH, NÃO, É QUE... A CHAMADA ALTA SOCIEDADE DE XANGAI...
...É DIFÍCIL DE SUPORTAR.

SENTAM-SE EM SUAS BELAS CASAS E TAGARELAM SOBRE FILMES E CORRIDAS DE CÃES DURANTE O CHÁ...
E EU FICO LÁ SENTADA, BANCANDO A MULHER DE SOCIEDADE...
NÃO CONSIGO AGUENTAR ESTA INÉRCIA! EU PODERIA ESTAR FAZENDO ALGO ÚTIL...
...MAIS DO QUE COPIAR PAPÉIS E DEIXAR A MINHA CASA À DISPOSIÇÃO DO SENHOR.
A SENHORA PRESTA UM SERVIÇO ÚTIL, CAMARADA!
ESSAS PESSOAS COM AS QUAIS SE RELACIONA, POSSUEM CARGOS IMPORTANTES NA POLÍTICA E NA ECONOMIA...
SUAS OPINIÕES PODEM SER INTERESSANTES PARA NÓS!
AH... MAS O SENHOR POSSUI CERTAMENTE MELHORES CONTATOS!
PARA UMA VISÃO GERAL CONFIÁVEL, TODA INFORMAÇÃO É IMPORTANTE.
UMA ANÁLISE CORRETA DEPENDE DISSO...
A SENHORA TEM MUITO À SUA FRENTE, CAMARADA.
CONSERVE A SUA CONVICÇÃO PARA LUTAR PELAS COISAS CERTAS. ISTO É O MAIS IMPORTANTE!

EM SETEMBRO DE 1931, O JAPÃO ATACOU A MANCHÚRIA SOB A JUSTIFICATIVA DE QUE ERA "UM POVO SEM ESPAÇO" E QUE TINHA O "DIREITO" A TERRA E ÀS SUAS MATÉRIAS-PRIMAS.

AS POTÊNCIAS OCIDENTAIS FIZERAM SEU PROTESTO PROTOCOLAR, UMA FORMALIDADE, MAS DEIXARAM AS COISAS CORREREM. A UNIÃO SOVIÉTICA FOI A ÚNICA QUE REALMENTE AMEAÇOU O JAPÃO E REFORÇOU AS TROPAS NA FRONTEIRA COM O NORTE DA MANCHÚRIA.

EM JANEIRO DE 1932 FORÇAS JAPONESAS OCUPARAM XANGAI E DEVASTARAM A REGIÃO. PARA NÓS, ESTRANGEIROS, A SITUAÇÃO SE NORMALIZOU EM ABRIL. PARA A POPULAÇÃO MAIS POBRE, O INFERNO FICOU AINDA PIOR.

EM DEZEMBRO, RICHARD DESPEDIU-SE REPENTINAMENTE PARA IR AO JAPÃO. FIQUEI MUITO TRISTE! NÓS DEIXAMOS A CHINA UM ANO DEPOIS, QUANDO A EMBAIXADA ALEMÃ HASTEOU A PRIMEIRA BANDEIRA COM A SUÁSTICA!

AO LONGO DA MINHA VIDA, VOLTEI A ENCONTRAR TODOS OS CAMARADAS DAQUELA ÉPOCA. MENOS RICHARD...

CARA SENHORA, DESEMBARQUE, RÁPIDO!
SENHORA OTT, QUE BOM VÊ-LA!
BEM-VINDA A TÓQUIO, MAESTRINA!
QUE GENTILEZA VIR ME BUSCAR!
É UM PRAZER, QUERIDA!
ESPERO QUE A VIAGEM NÃO TENHA SIDO MUITO CANSATIVA.
NÃO FOI PIOR QUE O ESPERADO. ESPERO QUE MEU INSTRUMENTO TENHA SOBREVIVIDO AO TRANSPORTE.

ACHO QUE A SENHORA IRÁ SE SENTIR CONFORTÁVEL CONOSCO.
MAS TÓQUIO, É CLARO, NÃO É BERLIM, HAHA.
A COMUNIDADE ALEMÃ É BEM PEQUENA.
E TEM O CLUBE ALEMÃO, COM UMA BIBLIOTECA! MAS O ACERVO...
QUANDO CHEGAM OS NOVOS ROMANCES POR AQUI, ELES JÁ FORAM ESQUECIDOS EM BERLIM.
MAS VOCÊ NÃO VAI TER MUITO TEMPO PARA LER!
NÓS TEMOS CONVIDADOS QUASE TODOS OS DIAS!
MEU MARIDO E EU SOMOS MUITO AGRADECIDOS À SENHORA, POR NOS TRAZER UM POUCO DE DISTRAÇÃO...
...VERDADE?
AH, SIM... SIM, CLARO.

...QUASE PRECISEI DEIXAR MINHAS PARTITURAS NA FRONTEIRA RUSSA.
MAS AGORA PODE RECUPERAR-SE DAS AVENTURAS DA VIAGEM.
AS ACOMO-DAÇÕES LHE AGRADAM?
SIM, AQUI POSSO COMPOR E REFLETIR.
ÀS TRÊS HORAS VEM O SENHOR ARIMA PARA CONVERSAR COM A SENHORA E COM O ADIDO CULTURAL SOBRE OS CONCERTOS.
ATÉ QUE CHEGUE O SEU CRAVO, A SENHORA PRECISARÁ SE ARRANJAR COM O PIANO DE CAUDA.
PEÇO PARA ALGUÉM VIR BUSCÁ-LA?
NÃO. OBRIGADA. EU IREI ENCON-TRÁ-LOS.

UM SEGUNDO FRONTE? ESSE CARA É MALUCO!
ESSA GUERRA É UM ABSURDO!
NÃO CONFIE NOS JAPONESES E SEU APOIO, ELES TÊM SEUS PRÓPRIOS PLANOS.
PSSS, POR FAVOR! NÓS TEMOS CONVIDADOS DE BERLIM EM CASA.

AI!
AI!
NÃO IMAGINAVA QUE SERIA ASSIM A VIDA DE EMBAIXATRIZ, HAHA.

SENHORA OTT?
AH, AÍ ESTÁ A SENHORA.
AINDA NÃO SE CONHECEM...
DR. SORGE...
ETA HARICH-SCHNEIDER!
...A FAMOSA...

QUEM É ELE?
UM JORNALISTA DO "FRANKFURTER ZEITUNG".
...TRABALHA AQUI NA EMBAIXADA ALEMÃ.
E NÃO ESTÁ NEM AÍ PARA MULHERES!
SORGE? UM HOMEM DE PRIMEIRA CLASSE. CONFIO CEM POR CENTO NELE.
ELE SABE TUDO! MORA HÁ DEZ ANOS AQUI! CONHECE O PAÍS COMO NINGUÉM. IRÁ SE ENCONTRAR MUITO COM ELE.
MAS AGORA, A SUA TURNÊ...

SERÁ UM GRANDE SUCESSO NO JAPÃO.
A SENHORA É PARA NÓS DE GRANDE INTERESSE CULTURAL E POLÍTICO.
ARIMA-SAN E O "ASAHI SHIMBUN" INFORMARAM QUE O SEU CONCERTO SERÁ PATROCINADO PELO MINISTÉRIO DO EXTERIOR!
... E PELO MINISTÉRIO DE PROPAGANDA.
MAS...
...ISSO É UM ERRO!
EU VIM POR INICIATIVA PRÓPRIA PARA CÁ, O MINISTÉRIO DE PROPAGANDA NUNCA ME AUTORIZOU...
CARA SENHORA HARICH-SCHNEIDER...
... A SENHORA DESCONHECE AS COISAS NO JAPÃO!
MAS CASO O MINISTÉRIO DE PROPAGANDA FAÇA ALGUMA OBJEÇÃO, É CLARO QUE IREI PROTEGÊ-LA. HAHA
HA HA HA HA

MEU CASO COM O SORGE COMEÇOU EM MAIO DE 41. ESCAPEI DA ALEMANHA COM A DESCULPA DA TURNÊ NO JAPÃO E ESPERAVA HOSPEDAR-ME EM TÓQUIO COM MINHA VELHA AMIGA HELMA OTT, ESPOSA DO EMBAIXADOR.
SORGE CIRCULAVA NA EMBAIXADA. SEU CARGO OFICIAL ERA O DE REDATOR DE UM PEQUENO TABLOIDE, LIDO POR TODA COMUNIDADE ALEMÃ NO JAPÃO.
O CLIMA NA EMBAIXADA ERA ESTUPIDAMENTE NAZISTA. AS PESSOAS ESTAVAM MUITO ISOLADAS DO MUNDO EXTERIOR, TODOS VIGIAVAM-SE MUTUAMENTE.
HAHA E EU PENSEI: "VOCÊ SAIU DE UMA SITUAÇÃO RUIM PARA OUTRA PIOR".

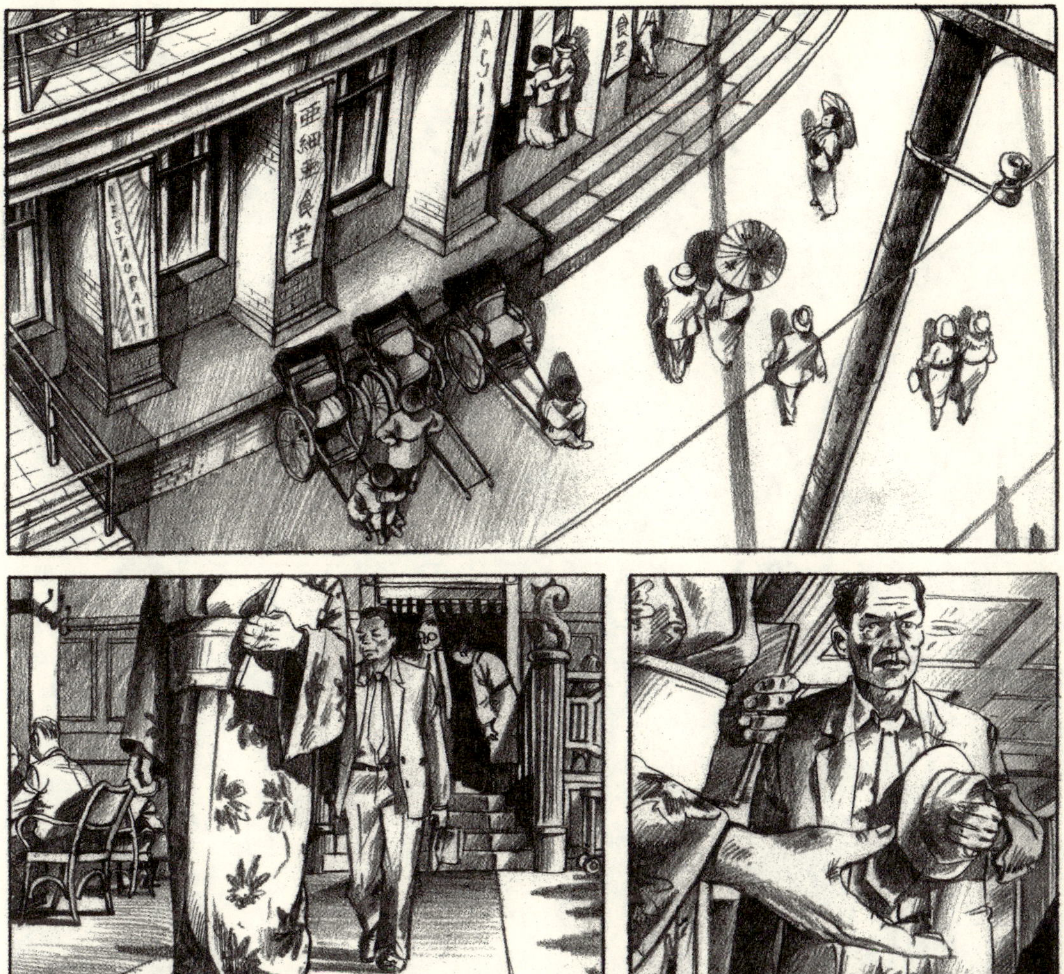

1. BOA TARDE, DR. SORGE.
2. BOA TARDE, SR. OZAKI.
3. SEU AMIGO ESTÁ MELHOR?
4. SIM, TUDO VOLTOU AO NORMAL.

入船堂
スパイに警戒せよ
TOC
TOC

BOA NOITE, SENHOR VUKELIC!
SENHOR CLAUSEN!
ACHEI QUE O SENHOR AINDA ESTAVA NO HOSPITAL...
FALTA MUITO?
QUINHENTOS GRUPOS, UMA HORA, EU ACHO.
POR FAVOR, APRESSE-SE...
ESPERAMOS CONVIDADOS!

...SENHORA HARICH-SCHNEIDER... WENNEKER, ADIDO DA MARINHA.
ENCANTADO!
KRETSCHMER, ADIDO MILITAR.
...É UMA HONRA.
E O ADIDO DA POLÍCIA, MEISINGER!
HEIL HITLER!
O QUE A SENHORA IRÁ TOCAR, MAESTRINA?
COMEÇAREI COM O "CONCERTO ITALIANO", DE JOHANN SEBASTIAN BACH.
PERFEITO!
ULLI, QUERIDA, AGORA SENTE-SE.

PODEMOS FALAR, URACH...?
SENHOR EMBAIXADOR?
HUM, SIM... ENTÃO... QUANDO FOR A BERLIM...
SIM, SENHOR EMBAIXADOR?
NÃO É MUITO FÁCIL... UM ASSUNTO PESSOAL.
É SOBRE O SORGE... OS SENHORES SÃO BONS AMIGOS, NÃO É?
... SIM, SENHOR EMBAIXADOR!
PARA SER CLARO: ALGUÉM PRECISA FAZER ALGUMA COISA!
ESTOU COM UM MAU PRESSENTIMENTO.
A BOA REPUTAÇÃO DA EMBAIXADA ESTÁ ACIMA DE TUDO!
O SENHOR GOSTARIA DE AFASTAR O DR. SORGE DA EMBAIXADA?

ENTENDA.
...SUAS ESCAPADAS NÃO FICAM BEM.
EU NÃO GOSTARIA QUE OS ALTOS ESCALÕES DE BERLIM FICASSEM SABENDO DISSO.
MEISINGER JÁ ME FALOU VÁRIAS VEZES SOBRE ELE.
NEM SEMPRE É POSSÍVEL DESCULPÁ-LO POR SUAS EXPLOSÕES DE FÚRIA A RESPEITO DE TEMAS POLÍTICOS, NÃO POSSO MAIS CONTINUAR A DIZER QUE É SÓ UM ATAQUE DE NERVOS.
O SENHOR NÃO CONSEGUIRIA CONVENCÊ-LO A ACOMPANHÁ-LO ATÉ BERLIM?
POR FAVOR!
FAREI TODO O POSSÍVEL PARA QUE ELE CONSIGA UM BOM EMPREGO NA IMPRENSA EM BERLIM.
BRAVO!
COM TODO O RESPEITO, SENHOR EMBAIXADOR, O SENHOR ESTÁ SEMPRE EM CONTATO COM ELE!
PORQUE O SENHOR MESMO NÃO LHE PERGUNTA?

IMPOSSÍVEL!
SOU SEU AMIGO!
BRAVO, MAESTRINA!
POSSO LHE APRESENTAR O SR. KORDT? ELE TAMBÉM ACABOU DE CHEGAR A TÓQUIO.
HEIL HITLER, SRA. HARICH-SCHNEIDER.
JÁ A HAVIA OUVIDO EM BERLIM. ESPETACULAR!
MUITO OBRIGADA. O SENHOR TAMBÉM ESTÁ HOSPEDADO NA EMBAIXADA?
NÃO, NÃO. ESTOU NO HOTEL IMPERIAL ATÉ ENCONTRAR UMA CASA!
BOA NOITE, HERR KORDT! O CARRO ESTÁ À SUA DISPOSIÇÃO.
SENHOR EMBAIXADOR, SE ME PERMITE, IREI COM O SR. KORDT.

EM MAIO DE 41, FUI MANDADO A TÓQUIO COMO ENVIADO DO MINISTRO DO EXTERIOR RIBBENTROP, ENQUANTO EM BERLIM SE PREPARAVA UM PLANO SECRETO DE INVASÃO DA UNIÃO SOVIÉTICA.

O EMBAIXADOR OTT PRECISAVA ENCORAJAR OS JAPONESES A ATACAR SINGAPURA E, ASSIM, ENTRAR EM GUERRA COM A INGLATERRA.

COM A INVASÃO DE UMA COLÔNIA INGLESA, O IMPÉRIO JAPONÊS TERIA CLARAMENTE SE POSICIONADO COMO PARTE DO EIXO!

ENCONTREI O FAMOSO DR. SORGE LOGO QUE CHEGUEI... PRÍNCIPE URACH NOS APRESENTOU. SORGE TINHA UMA APARÊNCIA DESLEIXADA E CHEIRAVA A ÁLCOOL! UM FANFARRÃO NEURÓTICO, NA MINHA OPINIÃO. ELE COMEÇOU IMEDIATAMENTE A ME PROVOCAR.

1. UMA GARRAFA DE CONHAQUE, POR FAVOR!

...SUA VIAGEM É UMA COMPLETA PERDA DE TEMPO.
EU... AH...
OS JAPONESES VÃO ENTRAR EM CAMPO CONTRA SINGAPURA, POR MAIS QUE VOCÊS QUEIRAM.
AH, MAS...
ELES PODEM SER UNS PIRATAS, MAS ESSE FAVOR ELES NÃO IRÃO LHES FAZER.
COM O DEVIDO RESPEITO!
MEU AMIGO, NÃO É FÁCIL INVESTIGAR OS JAPONESES.
ISSO SEI BEM.
NA PRÓXIMA SEMANA SERÁ DECIDIDO SE ELES ESTÃO COM OS AMERICANOS OU NÃO.
PERMITA-ME!

1. O DEPARTAMENTO DE ESTADO, NOS EUA, É O EQUIVALENTE DO MINISTÉRIO DE RELAÇÕES EXTERIORES DE OUTROS PAÍSES, COMO O BRASIL.

OS JAPONESES SÃO MESMO MAIS BUROCRÁTICOS QUE NÓS.
COM A SUA LICENÇA, IREI ME RETIRAR.
... BOA NOITE, SENHORES.
CRIMINOSOS E INSTIGADORES DA GUERRA, ATACANDO POVOS PACÍFICOS!
BOA NOITE, SENHOR KORDT...
SIM, SIM. VÁ. ATÉ A PRÓXIMA SEMANA!
BUROCRATA ENSEBADO! VOU LHE DIZER UMAS VERDADES!
CUIDADO, DR. SORGE...
O SENHOR DEVERIA CONTROLAR A LÍNGUA.

HUM...
JÁ PENSOU EM VOLTAR A BERLIM?
AH, QUAL É! SOU JORNALISTA! AS PESSOAS ME RESPEITAM PORQUE DIGO A VERDADE!
...O SENHOR É MUITO SOLICITADO!
PARA BERLIM?
NÃO, *NÃO* PENSO NISSO!
NADA ME FARIA VOLTAR PARA AQUELE GRANDE CAMPO DE CONCENTRAÇÃO.
NÃO É MELHOR QUE EU DIRIJA, DR. SORGE?
NÃÃNNÃÃO... EU CONSIGO!

EU O VEREI ANTES DA MINHA PARTIDA?
ALIÁS, POR QUE VOCÊ QUER VOLTAR PARA A ALEMANHA?
NÃO VÁ, URACH!

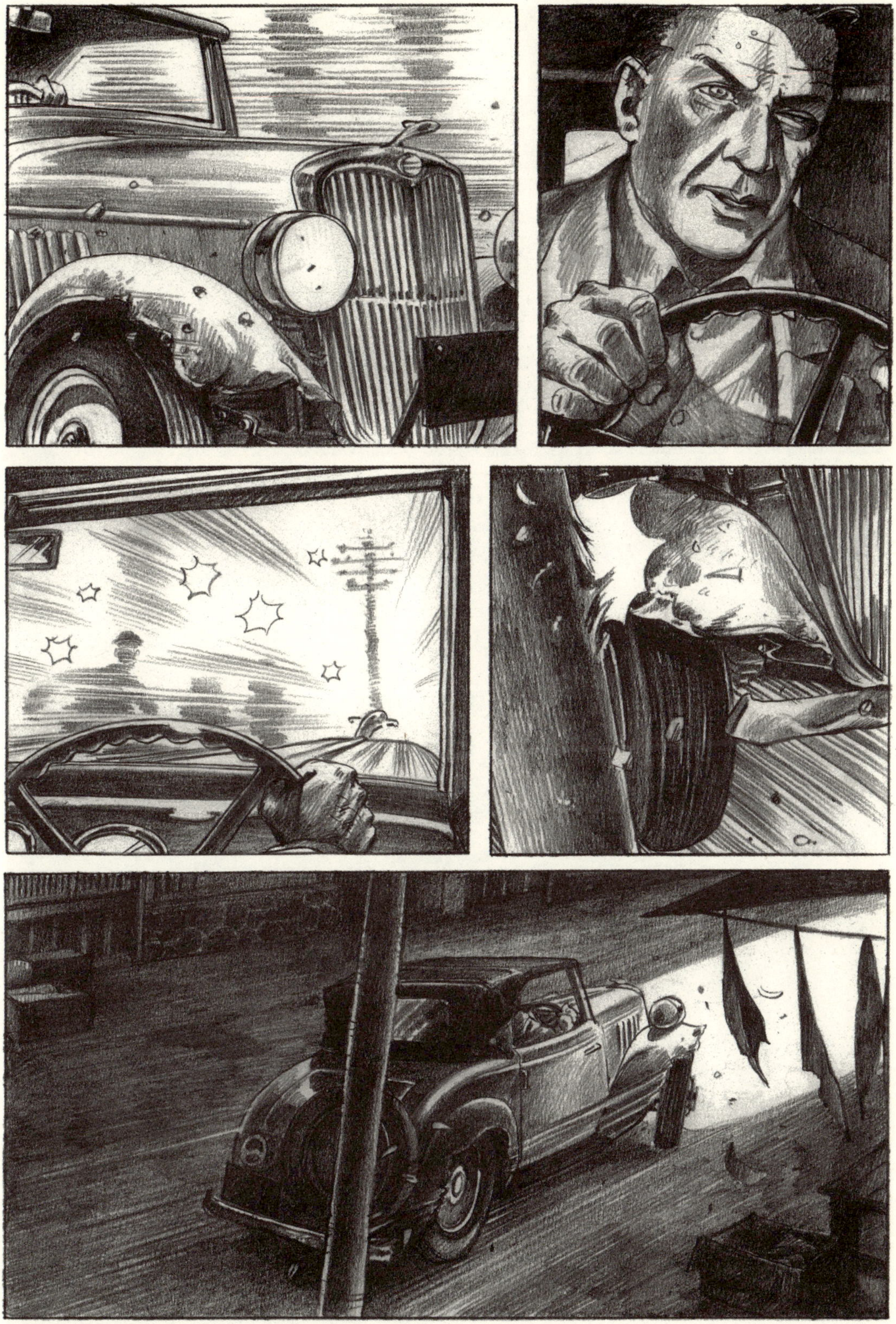

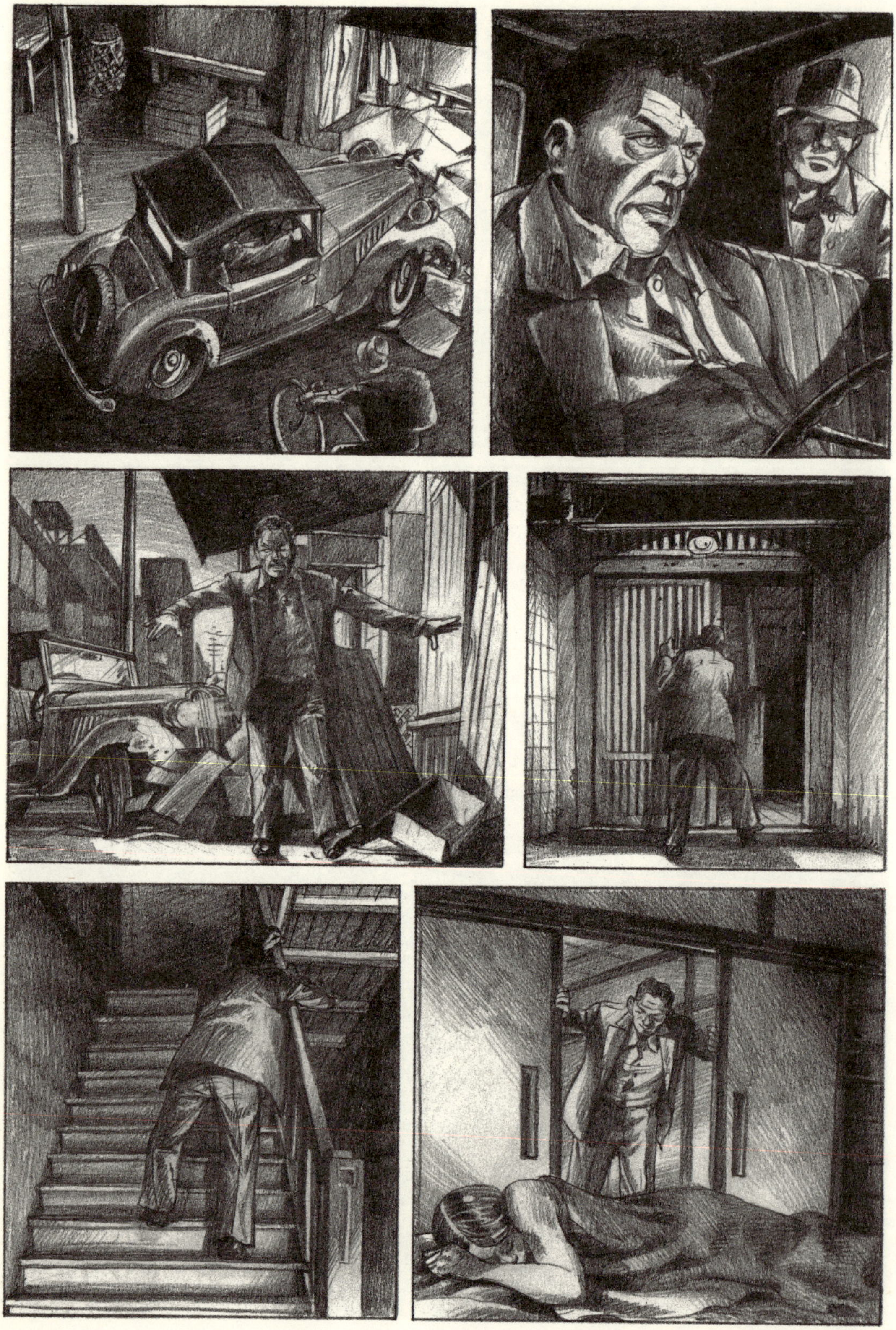

SNIF
SNIF
SNIF
SNIF
SNIF
SNIF

1. O QUE ACONTECEU?

2. SABISHII... TÃO SOZINHO...

3. NÃO TENHO AMIGOS...

4. MAS VOCÊ TEM AMIGOS...

5. TEM O OTT-SAN, WEISE-SAN, CLAUSEN-SAN... SÃO SEUS AMIGOS!

6. NENHUM AMIGO DE VERDADE!

7. NÃO TENHO AMIGO ALGUM NO MUNDO!

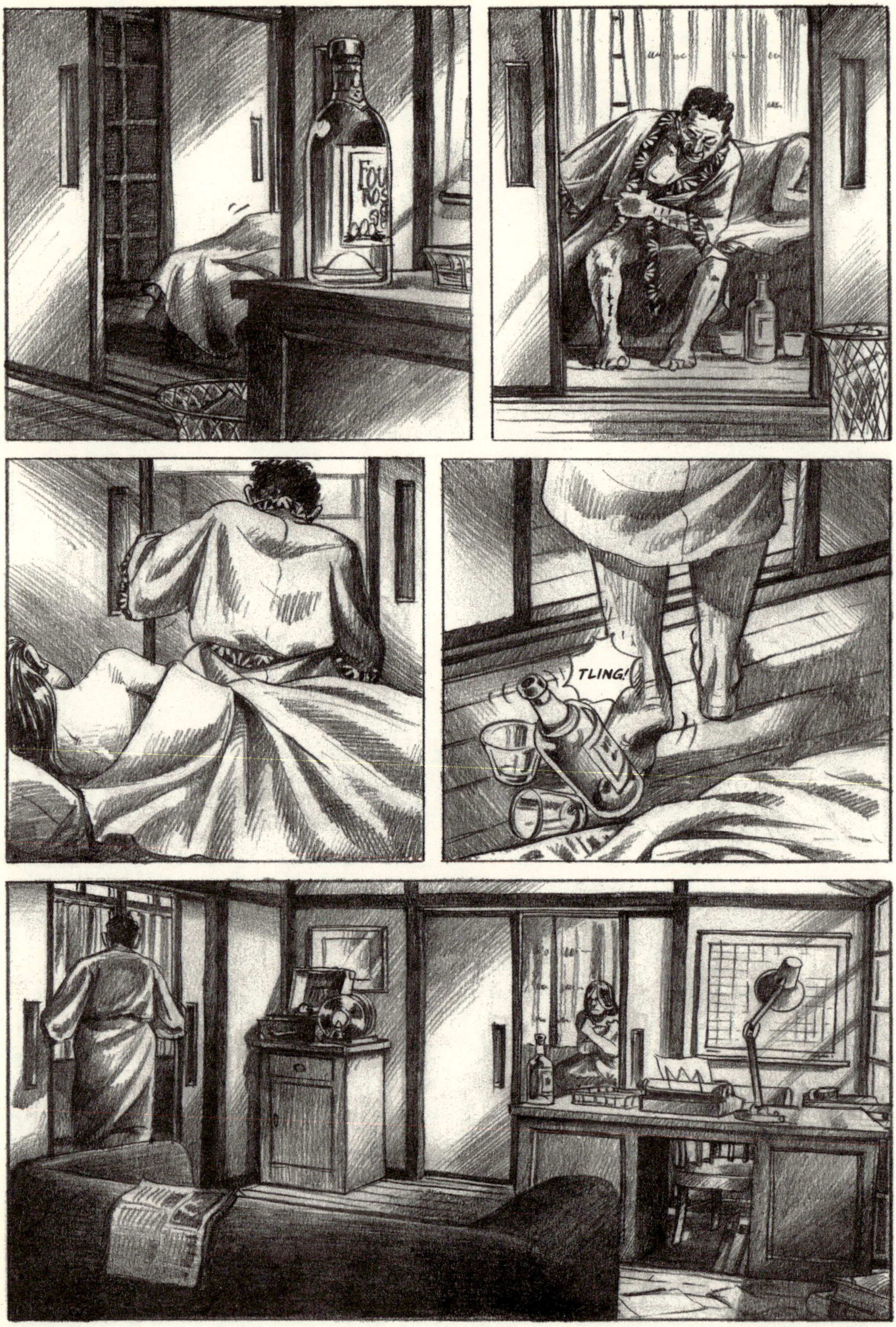
TLING!

迅食
食

防諜
御奉公

HEIL HITLER,
DR. SORGE!
HEIL HITLER,
CONDE
MIRBACH!
BOM DIA, LENZ!
ALGO DE
NOVO?
HEIL HITLER,
DR. SORGE.
O INFORME DAS
FORCAS ARMADAS, O
INFORME DO EXÉR-
CITO ITALIANO E OS
TELEGRAMAS ESTÃO
PRONTOS PARA O
SENHOR.

DR. SORGE CHEGOU, SENHOR EMBAIXADOR.
SIM, URACH. JÁ HAVIA IMAGINADO. ELE PODE ESPERAR LÁ FORA. PRECISO ME DESPEDIR.
BOA VIAGEM E MANDE MEUS CUMPRIMENTOS A BERLIM!
GUTE REISE. UND GRÜSSEN SIE MIR BERLIN!
EM QUE POSSO AJUDÁ-LO, SENHOR EMBAIXADOR?
POR FAVOR, SENTE-SE, HUM...
CHEGOU BEM EM CASA ONTEM?
MUITO BEM, OBRIGADO.
SIM, BEM, TENHO UM PEDIDO A FAZER-LHE!
PODE DISPARAR!
SEREI MUITO GRATO SE O SENHOR PUDER FAZER UMA PEQUENA VIAGEM A XANGAI PARA NÓS.
PRECISO SABER O QUE HÁ DE VERDADE SOBRE OS BOATOS DE QUE OS AMERICANOS ESTÃO QUERENDO ARRANJAR UM ACORDO DE PAZ ENTRE O JAPÃO E A CHINA.

HAHA O QUE FAZ ESSE FERRO-VELHO AQUI?
ESTE É O DATSUN DO DR. SORGE, SR. KORDT
AH, SEI...
O SENHOR IRÁ NO DIA 20 E VOLTARÁ NO DIA 27. E, À NOITE, SERÁ MEU CONVIDADO. BOA SORTE!
OBRIGADO, SENHOR EMBAIXADOR.
O SENHOR O ESTÁ ENVIANDO PARA UMA MISSÃO?
COMO REPRE-SENTANTE DO IMPÉRIO ALE-MÃO?
MAS O HOMEM É UM BEBERRÃO!
SENHOR KORDT! CONFIO PLENAMENTE NO DR. SORGE. ELE É CEM POR CENTO LEAL E NÃO EXISTE MELHOR HOMEM PARA ESSA TAREFA.

OTT ENVIOU SEU AMIGO PARA A CHINA. ELE PRECISAVA CONSEGUIR ALGUMA INFORMAÇÃO, NÃO ME LEMBRO EXATAMENTE DE QUÊ... RICHARD POSSUÍA BONS CONTATOS NA CHINA – ELE HAVIA MORADO LÁ POR QUATRO ANOS ANTES DE VIR PARA TÓQUIO.

EU PERMANECIA NA EMBAIXADA E ESPERAVA A CHEGADA DO MEU INSTRUMENTO, O CRAVO. A VIDA LÁ ME DEPRIMIA! NÃO HAVIA NINGUÉM COM QUEM PUDESSE CONVERSAR!

A HELMA OTT FOI PARA MIM UMA GRANDE DECEPÇÃO! EU A CONHECIA DOS TEMPOS DE BERLIM, ANTES DE 33! ELA ERA NA ÉPOCA UMA OUVINTE FIEL DO "COLLEGIUM FÜR ALTE MUSIK"[1] E SIMPATIZAVA MUITO ABERTAMENTE COM O CÍRCULO ESQUERDISTA.

MAS AGORA ME PARECIA QUE A ÚNICA COISA PELA QUAL SE INTERESSAVA ERA TAGARELAR SOBRE SEUS PROBLEMAS CONJUGAIS.

1. INSTITUTO DE MÚSICA CLÁSSICA CRIADO POR ETA HARICH-SCHNEIDER EM 1930

...PORQUE SOU ALTA E ROBUSTA, AS PESSOAS ME ACHAM SEMPRE FORTE, MAS, NA VERDADE, SOU BASTANTE FRÁGIL.
CHOREI COMO CRIANÇA QUANDO NÓS NOS TORNAMOS EMBAIXADORES.
MAS SEU MARIDO A APOIA, NÃO É?
A COMUNIDADE ALEMÃ AQUI É TERRÍVEL! TEMOS POUCOS AMIGOS DE VERDADE.
O PAPI?
ARGH, EU O EXPULSEI DO MEU QUARTO HÁ DEZ ANOS.
AGORA ESTÁ ATRÁS DA MULHER DE UM COMERCIANTE.
NÃO SOU NAZISTA, MAS, COMO PESSOA DECENTE, PRECISO COLABORAR.

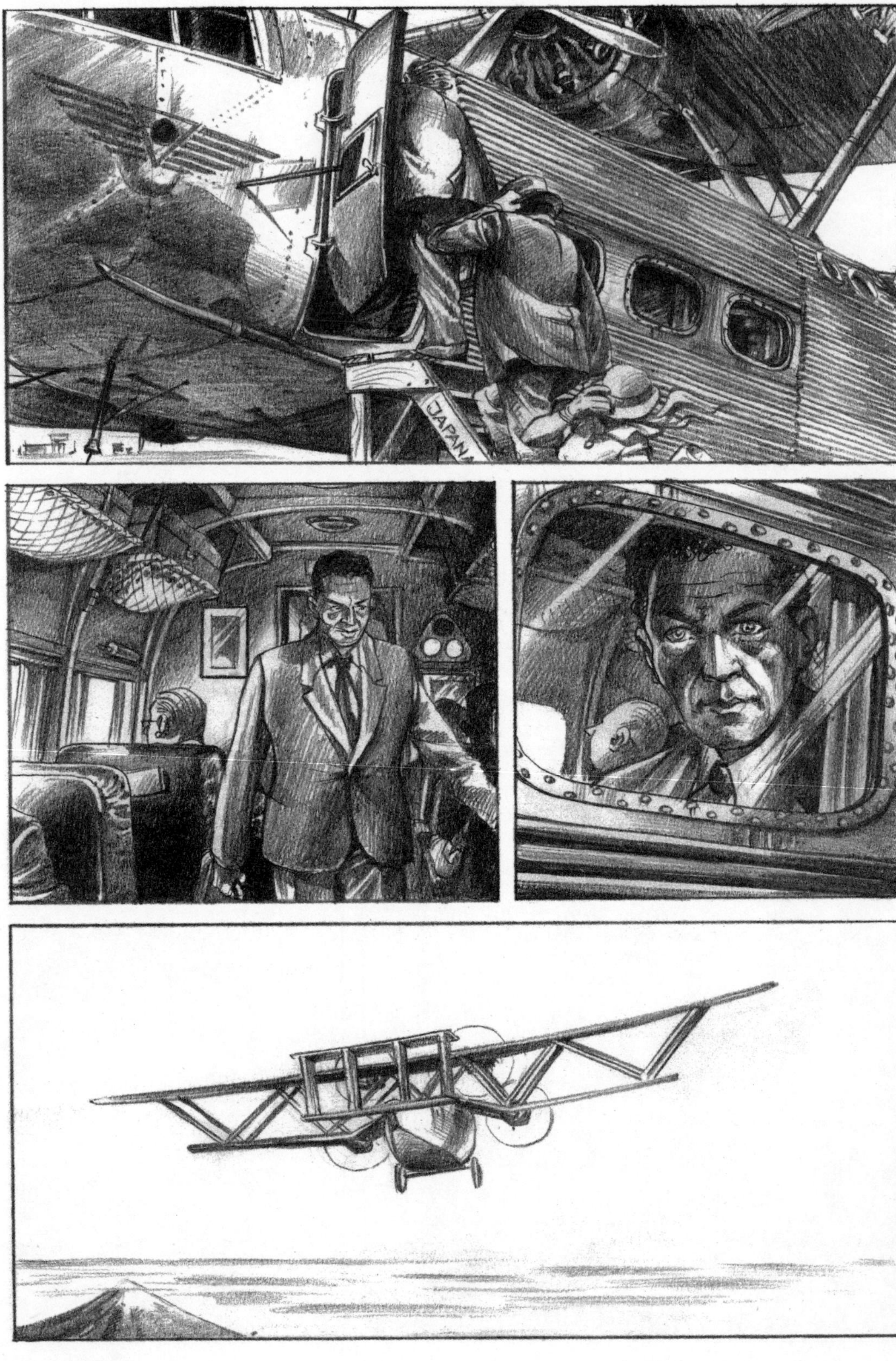

UM TELEGRAMA CODIFICADO DE XANGAI, SENHOR EMBAIXADOR!
O SORGE CONHECE O CÓDIGO DA EMBAIXADA? MAS QUE IRRESPONSABILIDADE!
NÃO EXISTE AQUI QUALQUER SEGREDO QUE ELE DESCONHEÇA...
...DEIXE-O EM PAZ, KORDT.
O SORGE É CONFIÁVEL.
ENTÃO VENHA A UMA HORA, ESTÁ BEM?
SIM, COM PRAZER, SENHORA MOHR! ATÉ LOGO!

O QUE ACHOU DA SENHORA MOHR?
HUM... MUITO BONITA.
...MEU MARIDO ESTÁ APAIXONA-DO POR ELA!
AHÃ.
NÃO PARECE MUITO IMPRESSIONADA...
OS MOHRS SÃO NOSSOS ÚNICOS AMIGOS POR AQUI!
AS ÚNICAS *PESSOAS*!
BOM, VOU DEIXÁ-LA EM PAZ COM OS SEUS ENSAIOS, MAESTRINA!

CHINA
COURIER
照相機商店
SHANGHAI CAMERA SHOP
上海茶館
照相
上海茶館

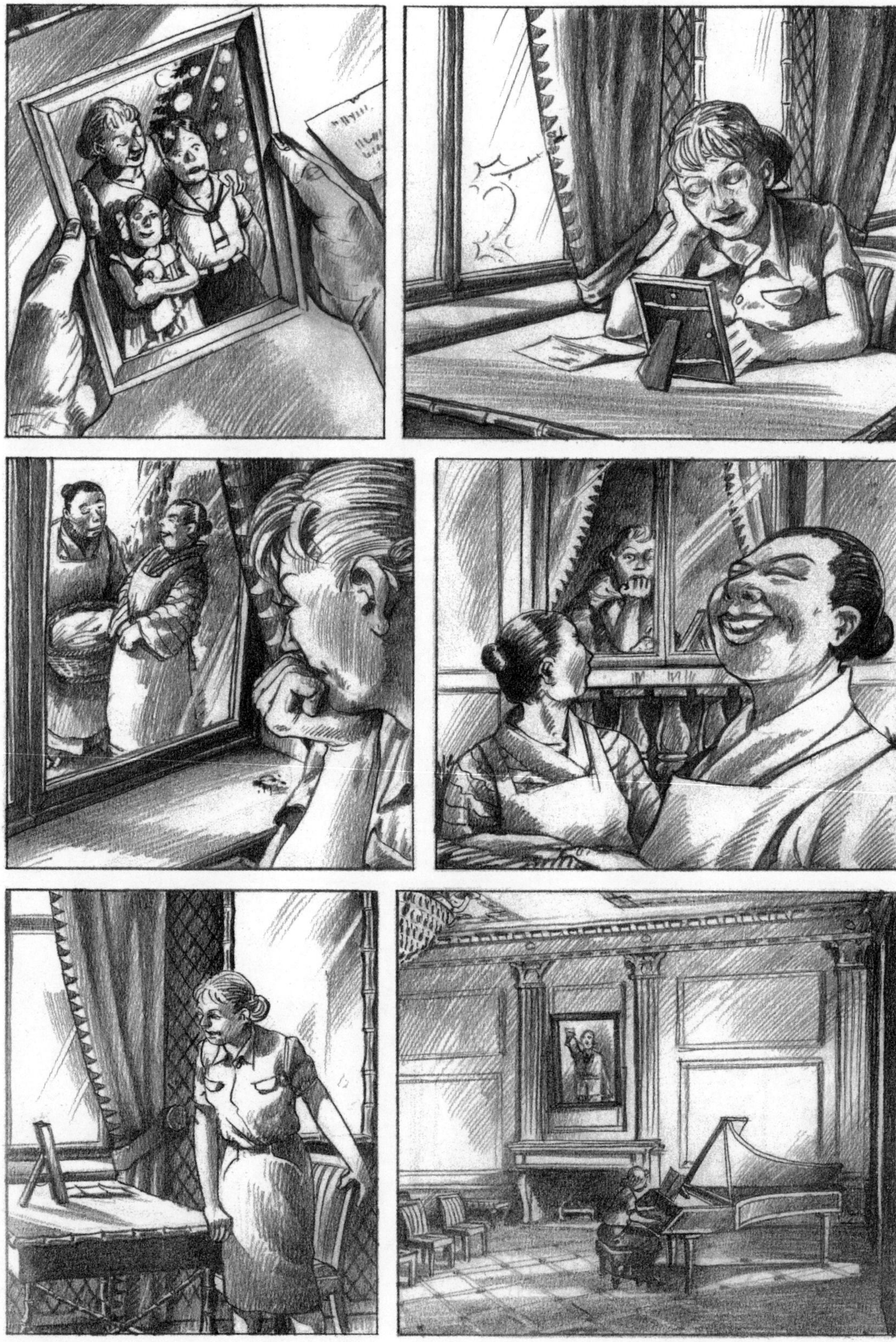

E? ELA MUDOU MUITO NOS ÚLTIMOS ANOS, NÃO É?
XANGAI, 1930. FOI MEU PRIMEIRO CONTATO COM A ÁSIA.
E OS AMERICANOS NÃO PODEM MUDAR MUITA COISA.
AH, SIM...OS JAPONESES DEVORAM O PAÍS E ROUBAM TUDO! E ACREDITAM QUE TÊM TODO O DIREITO DE FAZER ISSO!
NÃO ENCONTREI UM ÚNICO EMPRESÁRIO JAPONÊS QUE QUEIRA A PAZ!
BOM PARA NÓS, NÃO É VERDADE, SENHOR EMBAIXADOR? HAHA
CAROS SENHORES E SENHORAS...
ACABO DE SER INFORMADO DE QUE O NOSSO "BISMARCK" AFUNDOU, NO ATLÂNTICO NORTE...

OH, MEU DEUS, QUE TERRÍVEL!
UM DURO GOLPE EM NOSSA MARINHA!
... POBRES MARINHEIROS!
SUGIRO TERMINARMOS O ENCONTRO.
NESSE MOMENTO, ACREDITO QUE NINGUÉM ESTEJA MAIS EM CLIMA DE COMEMORAÇÃO.
EM TODO CASO, NÓS AFUNDAMOS O "HOOD".
OLHO POR OLHO...
BOA NOITE, SENHOR CÔNSUL-GERAL.
TRISTE FIM PARA UMA NOITE TÃO AGRADÁVEL.

1. KARL DÖNITZ FOI COMANDANTE DA MARINHA NAZISTA DURANTE A SEGUNDA GUERRA

FOI NA MESMA NOITE EM QUE SOUBEMOS DO NAUFRÁGIO: DO "BISMARK"!
RICHARD ACABARA DE VOLTAR DE XANGAI E DE FAZER UM RELATO AO EMBAIXADOR.
ELE ME CONVIDOU PARA PASSEAR COM ELE! FIQUEI PERPLEXA!
ELE ERA UM INTERLOCUTOR CHARMOSO, APESAR DE SUA TENDÊNCIA EM FAZER DISCURSOS. ALÉM DO MAIS, TINHA A SENSAÇÃO DE PODER FALAR MUITO ABERTAMENTE COM ELE.
BEM, DE QUALQUER FORMA, FOI NESSE PASSEIO DE CARRO QUE TUDO COMEÇOU...

... MAS PREZADA SENHORA!
REALMENTE CONFIA NO SORGE?
O HOMEM DIRI-GE COMO UM LOUCO!
LIGAREI EM UMA HORA PARA SABER SE A SENHORA CHEGOU SÃ E SALVA.
MAIS UMA VEZ MUITO OBRI-GADA PELO CONVITE.
HAHA
ESPERO QUE A SENHORA EM BREVE NOS DÊ NOVAMENTE A HONRA.

... SINTO-ME FELIZ, DR. SORGE. FINALMENTE VOU VER AS RUAS E AS PESSOAS!
AHA! NINGUÉM AS MOSTROU A VOCÊ, NÃO É?
... E A SENHORA JÁ ESTÁ HÁ DUAS SEMANAS AQUI.
SEMPRE TOCANDO, HEIN? COMO NA NOITE PASSADA!
... OS OTTS SÃO ENCANTADORES COMIGO!
ENCANTADORES? ENCANTADORES, SEM IMAGINAÇÃO E SEM CARÁTER!

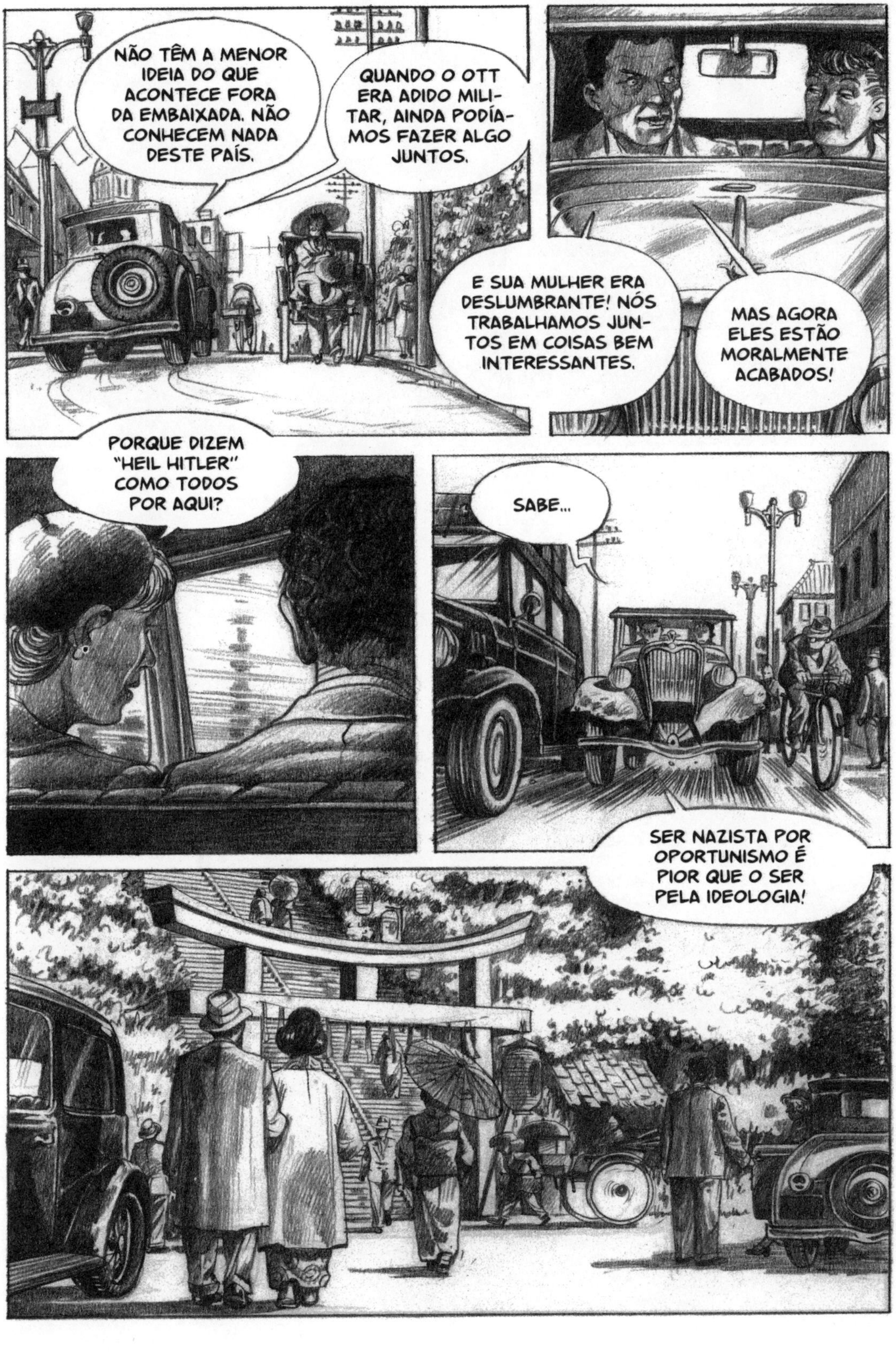
NÃO TÊM A MENOR IDEIA DO QUE ACONTECE FORA DA EMBAIXADA. NÃO CONHECEM NADA DESTE PAÍS.
QUANDO O OTT ERA ADIDO MILITAR, AINDA PODÍAMOS FAZER ALGO JUNTOS.
E SUA MULHER ERA DESLUMBRANTE! NÓS TRABALHAMOS JUNTOS EM COISAS BEM INTERESSANTES.
MAS AGORA ELES ESTÃO MORALMENTE ACABADOS!
PORQUE DIZEM "HEIL HITLER" COMO TODOS POR AQUI?
SABE...
SER NAZISTA POR OPORTUNISMO É PIOR QUE O SER PELA IDEOLOGIA!

CUIDADO! A SENHORA SE MACHUCOU?
NÃO, NÃO! SOU UMA CEGA!
OBRIGADA.
LÁ DE CIMA A SENHORA TERÁ A MELHOR VISTA DA CIDADE!
E?
HORRÍVEL!
UM AMONTOADO DE PEDRAS! HORRÍVEL E DESORGANIZADO!
HAHA
PIOR QUE NÁPOLES.

O CHEIRO É FORTE.
ISTO É CHÁ VERDE.
AH, VAMOS! PROVE!
O CEMITÉRIO DE ESTRANGEIROS! AQUI ESTÃO OS PRIMEIROS EUROPEUS MASSACRADOS PELOS JAPONESES.
E O MOTIVO PARA TANTO ÓDIO É HOJE O MESMO QUE ERA NAQUELA ÉPOCA! DEVERÍAMOS VOLTAR PARA O LUGAR DE ONDE VIEMOS!
MAS AGORA É TARDE PARA NOS EXPULSAR... ELES PRECISAM DOS NOSSOS MERCADOS E DA NOSSA TECNOLOGIA.
OFICIALMENTE, SOMOS ALIADOS, MAS GOSTAM TÃO POUCO DE NÓS COMO DOS AMERICANOS, INGLESES E FRANCESES.
HÁ POUCO TEMPO, HOUVE BASTANTE TURBULÊNCIA PORQUE UM ALEMÃO FOI ATACADO NO TREM.
NÃO PORQUE ELE ERA ALEMÃO, MAS POR SER BRANCO.

E NÃO É DE SE ADMIRAR: MAMAM O CHAUVINISMO NO LEITE MATERNO...
SÃO CRIADOS PARA ACREDITAR QUE PERTENCEM A UMA RAÇA DIVINA, QUE TÊM O DIREITO DE SUBMETER TODA A ÁSIA.
AO INVÉS DA IDEOLOGIA DOS NAZISTAS, ELES TÊM A VONTADE DIVINA PARA JUSTIFICAR SUA POLÍTICA.
O HITLER DEVE ESTAR ROXO DE INVEJA!
...E O IMPERADOR? É QUE TIPO DE PESSOA...
...OU DEUS?
O IMPERADOR? O PROPRIETÁRIO DO MAIOR BORDEL DO PAÍS!
MAIS DA METADE DOS JAPONESES SÃO AGRICULTORES. E MUITO POBRES.
TÃO POBRES QUE, PARA SOBREVIVER, PRECISAM VENDER SUAS FILHAS COMO PROSTITUTAS.
ESTÁ FICANDO TARDE...
VAMOS COMER ALGUMA COISA.

EU E MEU MARI-
DO NOS SEPA-
RAMOS HÁ
VÁRIOS ANOS.
NÓS NOS
CASAMOS MUITO
JOVENS, O CASAMENTO
FOI UM ERRO! DE QUAL-
QUER FORMA, PUDE
CONTINUAR MEUS ESTU-
DOS DE GRADUAÇÃO
EM MÚSICA.
TENHO DUAS
FILHAS. UMA DELAS
JÁ ESTÁ CASADA.
DEPOIS DO
DIVÓRCIO, FUI
PARA BERLIM,
SEM DINHEIRO
E SEM AMIGOS!
MAS CONSEGUI
FAZER UM
BOM NOME.
... ERA ATÉ
QUE BEM
POPULAR.
HAHA.
E AGORA
ESTÁ AQUI...
É.

AH, MAESTRINA, FINALMENTE A SENHORA CHEGOU!
ONDE A SENHORA ESTAVA? FICAMOS ESPERANDO-A PARA O JANTAR!
O SORGE FICOU COM A SENHORA TODO ESSE TEMPO DIRIGINDO POR AÍ?
DESCULPEM-ME POR TEREM ME ESPERADO... EU DEVERIA TER LIGADO.
NÓS FICAMOS MUITO PREOCUPADOS!
POSSO TALVEZ ALEGRÁ-LOS ESTA NOITE COM UM PEQUENO CONCERTO?
... SERIA UM *GRANDE* PRAZER PARA NÓS, MAESTRINA!

QUE BOM REVÊ-LO, SCHOLL!
O PRAZER É TODO MEU, DR. SORGE!
FICO FELIZ EM PODER CONVERSAR COM O SENHOR ANTES DA MINHA PRÓXIMA VIAGEM.
HÁ ALGUM LUGAR AQUI EM QUE PODEMOS TER PRIVACIDADE?
O SALÃO DE JANTAR... NO MOMENTO ESTÁ VAZIO!

1. CODINOME PELO QUAL FICOU CONHECIDO O PLANO DE INVASÃO DA URSS PELOS NAZISTAS

AH... VAMOS! VAMOS ATÉ O BAR NOS EMBEBEDAR.
BANDIDOS, SCHOLL! CRIMINOSOS!
HUM?
ELES NÃO ACREDITAM QUE O EXÉRCITO VERMELHO IRÁ REAGIR?
HUM?
DESCULPE-ME, TENHO QUE IR...
HUM...

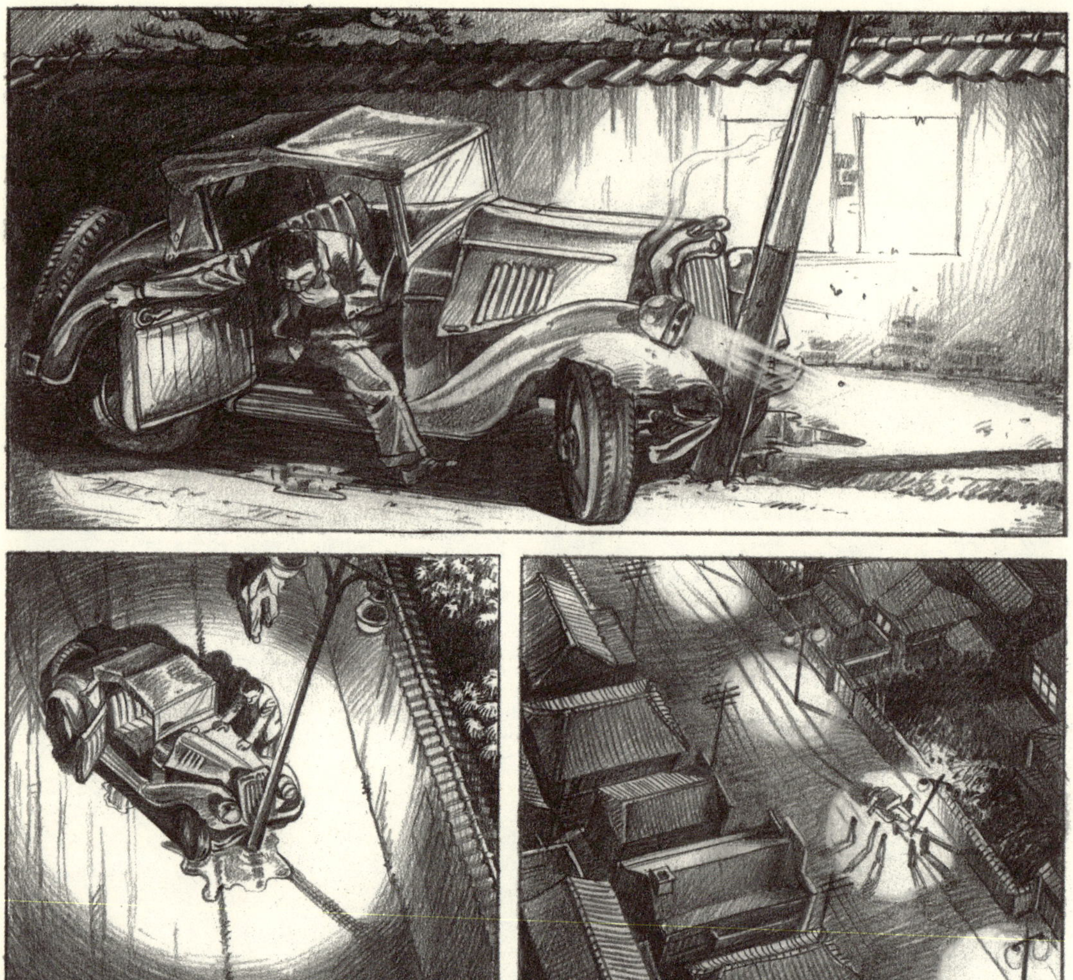

O DIA 30 DE MAIO, DISSO POSSO ME LEMBRAR BEM! NESTA NOITE, UM INGÊNUO OFICIAL ALEMÃO REVELOU O GRANDE SEGREDO DO HITLER A UM AGENTE SOVIÉTICO...
EU FUI SEU TELEGRAFISTA. SORGE ME REQUISITOU NA CENTRAL, PORQUE NÓS JÁ NÓS CONHECÍAMOS DA CHINA... ENTÃO, EU O SEGUI ATÉ O JAPÃO EM 1935. ABRI, COMO DISFARCE, UMA EMPRESA DE IMPRESSÃO.
NO COMEÇO, FOI FÁCIL, MAS COM O TEMPO OS JAPONESES SE TORNARAM MAIS DESCONFIADOS. ELES NOS CHAMAVAM DE "SPIONITIS". O TRABALHO PARA A ORGANIZAÇÃO ERA CHEIO DE TENSÃO E ANSIEDADE. EM 1940, SOFRI UM INFARTO!
SORGE TAMBÉM MUDOU! NÃO EM SUAS CONVICÇÕES, MAS NO SEU COMPORTAMENTO. ELE BEBIA MUITO, ESTAVA FREQUENTEMENTE INSTÁVEL E NERVOSO. ELE CARREGAVA TODA A RESPONSABILIDADE PELA ORGANIZAÇÃO.

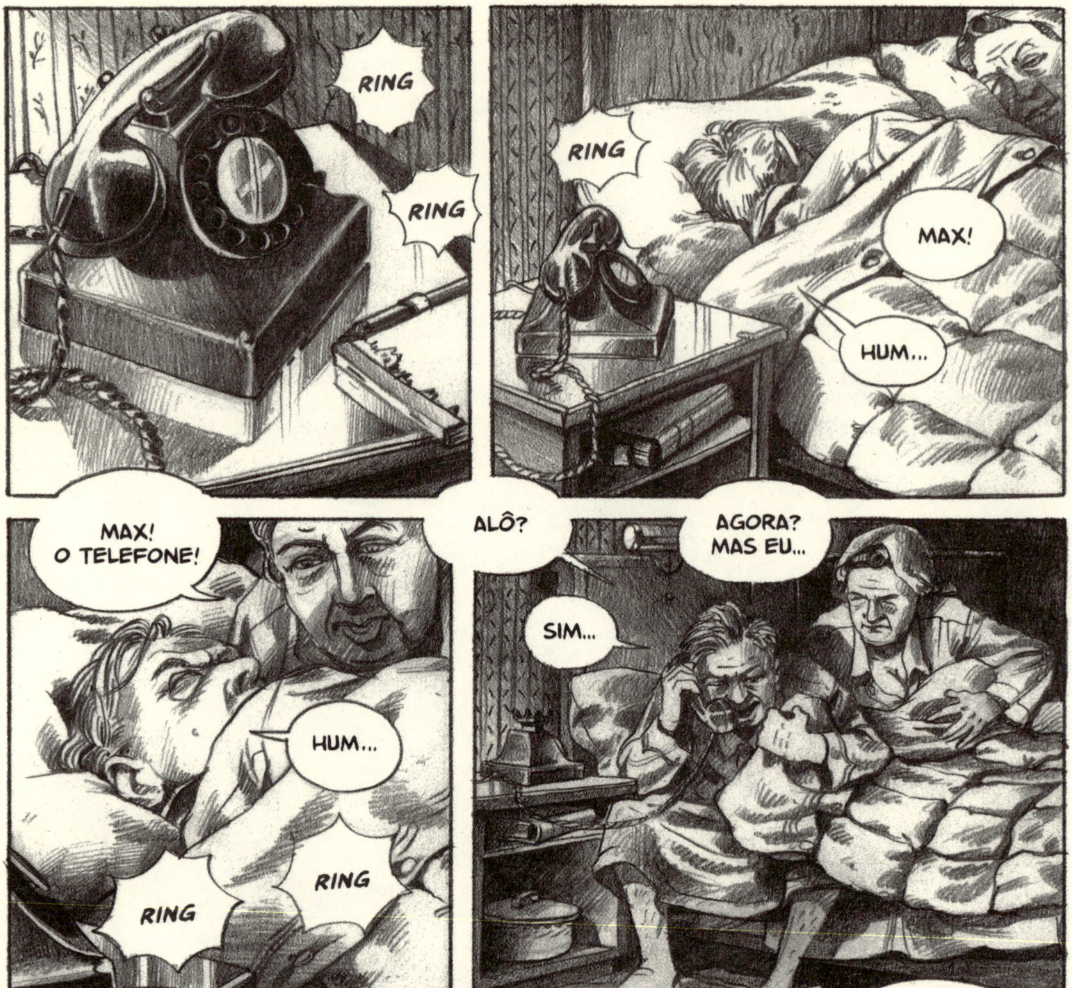

1. PERSONAGEM É RUSSA E NÃO FALA ALEMÃO PERFEITAMENTE.

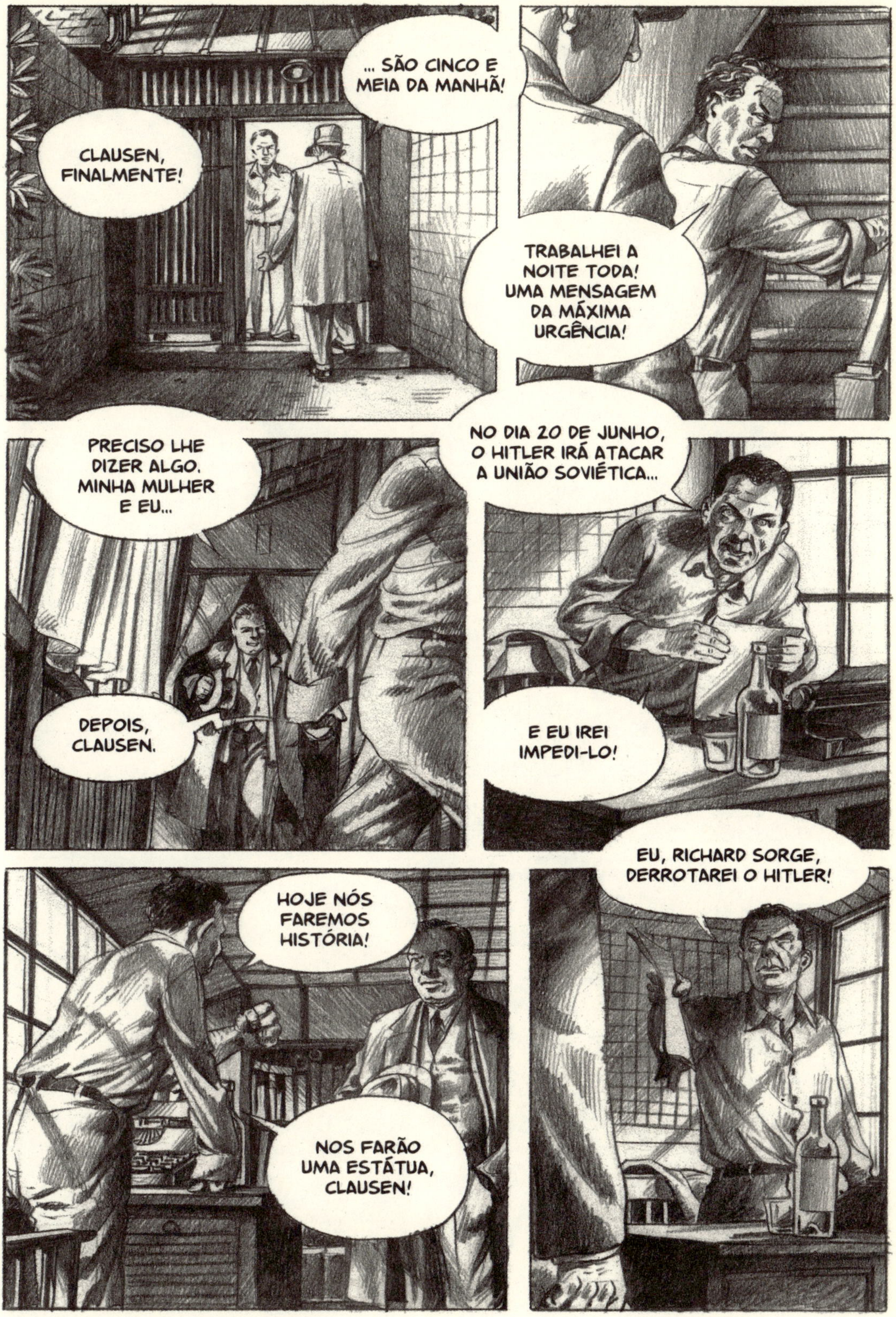
... SÃO CINCO E MEIA DA MANHÃ!
CLAUSEN, FINALMENTE!
TRABALHEI A NOITE TODA! UMA MENSAGEM DA MÁXIMA URGÊNCIA!
PRECISO LHE DIZER ALGO. MINHA MULHER E EU...
DEPOIS, CLAUSEN.
NO DIA 20 DE JUNHO, O HITLER IRÁ ATACAR A UNIÃO SOVIÉTICA...
E EU IREI IMPEDI-LO!
HOJE NÓS FAREMOS HISTÓRIA!
NOS FARÃO UMA ESTÁTUA, CLAUSEN!
EU, RICHARD SORGE, DERROTAREI O HITLER!

AAH!
MAL POSSO ESPERAR PARA VER A CARA DE IDIOTA DO OTT.
MAS...
SÓ PODEREI ENVIAR ISSO HOJE À NOITE.
BRAVO!

DEUTSCHLANDS
20. BIS 22. JUNI
ERFOLGEN +++
RAMSAY
MAESTRINA, POSSO LHE APRESENTAR O EMBAIXADOR DA RÚSSIA, O SENHOR SMETANIN?
A SENHORA FOI MARAVILHOSA...
MARRAVILHOSA! EU GOSTARRIA DE AGRADECER-LHE A MÚSICA MAGNÍFICA!
OH... EU QUE LHE AGRADEÇO, SENHOR SMETANIN.
BEBA!
VOCÊ PRECISA DE UM DESTILADO!

VAMOS DAQUI...
EU A LEVAREI AGORA PARA O FESTIVAL DAS FLORES, PRECISA RELAXAR!
SIM! É ISSO!
MAS, MAESTRINA!
VENHA, TODOS QUEREM CUMPRIMENTÁ-LA!
PARA COM ISSO, OTT! DEIXE A MAESTRINA EM PAZ!
ELA ESTÁ CANSADA E MERECE O DESCANSO!
A SENHORA QUER NOS DEIXAR?
... ESTOU MUITO ESGOTADA...
MAS É A ESTRELA DA FESTA!
DÊ-NOS LICENÇA, OTT!
AHA... POIS BEM...

1. SOU UM CARA SOZINHO

SUA MÚSICA HOJE À NOITE ME CONSOLOU!
VOCÊ É MARAVILHO-SA...
... É UMA BOA MÚSICA.

A SENHORA PARECE TÃO CALADA...
POR QUE NÃO GRITA DE ENTUSIASMO?
AQUI, ESSE BONSAI... UMA METÁFORA PARA OS PRÓPRIOS JAPONESES.
CRIADA COM DISCIPLINA. TREINADA PARA REPRIMIR A SUA NATUREZA!
E TE PRESENTEIO COM ESSE PINHEIRO REPRIMIDO!

DR. SORGE... POSSO LHE PEDIR UM CONSELHO?
CLARO! DIGA LOGO!
EU ME ENCONTRO NUMA SITUAÇÃO DIFÍCIL! NA EMBAIXADA TODOS ACREDITAM QUE ESTOU AQUI APENAS POR CAUSA DA TURNÊ...
MAS NA VERDADE VIM FUGIDA DA ALEMANHA! SOU UMA "INIMIGA DO PARTIDO", "PARASITA DO POVO".
QUERIDOS AMIGOS ME ALERTARAM SOBRE UM PEDIDO DE PRISÃO E ORGANIZARAM TUDO...
E DO QUE A ACUSAM?
UMA DAS MINHAS ESTUDANTES, JUDIA, ESTAVA EM ÉPOCA DE EXAMES. COMO DE COSTUME, EU A DEIXEI TOCAR EM UM CONCERTO...
... E OS JUDEUS ESTÃO PROIBIDOS DE SE APRESENTAREM EM UM CONCERTO PÚBLICO...
ISSO! ASSIM COMEÇOU MINHA DESGRAÇA.

O REITOR ESTAVA APENAS ESPE-RANDO A OPOR-TUNIDADE...
ELE ME ODEIA...
É CLARO QUE FUI MANDADA EMBORA, ENTÃO, FUI AO TRIBU-NAL E FIZ BARULHO.
AH... O RESTO O SENHOR PODE IMAGINAR...
OTT ACREDITA QUE VOLTAREI NO DIA 11 DE JULHO... MAS QUERO TENTAR ESCAPAR PARA A AMÉRICA DO SUL...
NÃO SEI COMO CONVERSAR COM OTT SOBRE ESSE ASSUNTO...
O QUE O SENHOR ACHA? O QUE DEVO FAZER?
HUM...
PARA A ALEMANHA A SENHORA NÃO PODE VOLTAR, MESMO SE QUISESSE.
UMA VIAGEM DESSAS AGORA SERIA MUITO PERIGOSA.

TODA ESSA COISA NAZISTA NA EMBAIXADA, SINTO-ME COMO UMA IMPOSTORA!
HAHA UMA PRUSSIANA DE PRINCÍPIOS!
EXISTEM OUTROS TIPOS DE IMPOSTORES!
IMPOSTURA PODE SER UM MÉRITO!
MAS NÃO DIGA NADA AO OTT! ELE NÃO MEXERIA UM DEDO PARA AJUDÁ-LA. ELE TAMBÉM TEM MEDO.
ANTES O OTT ERA UM ANTINAZISTA. MAS SUA NOMEAÇÃO PARA EMBAIXADOR FEZ COM QUE ELE ABANDONASSE TODOS PRINCÍPIOS.
OLHE O QUE ELE SE TORNOU. PROCURA JOGAR OS JAPONESES NA GUERRA...
NA GUERRA DA ALEMANHA, PARA MELHORAR AS CHANCES DO HITLER CONTRA A INGLATERRA... POR DINHEIRO E CARREIRA.

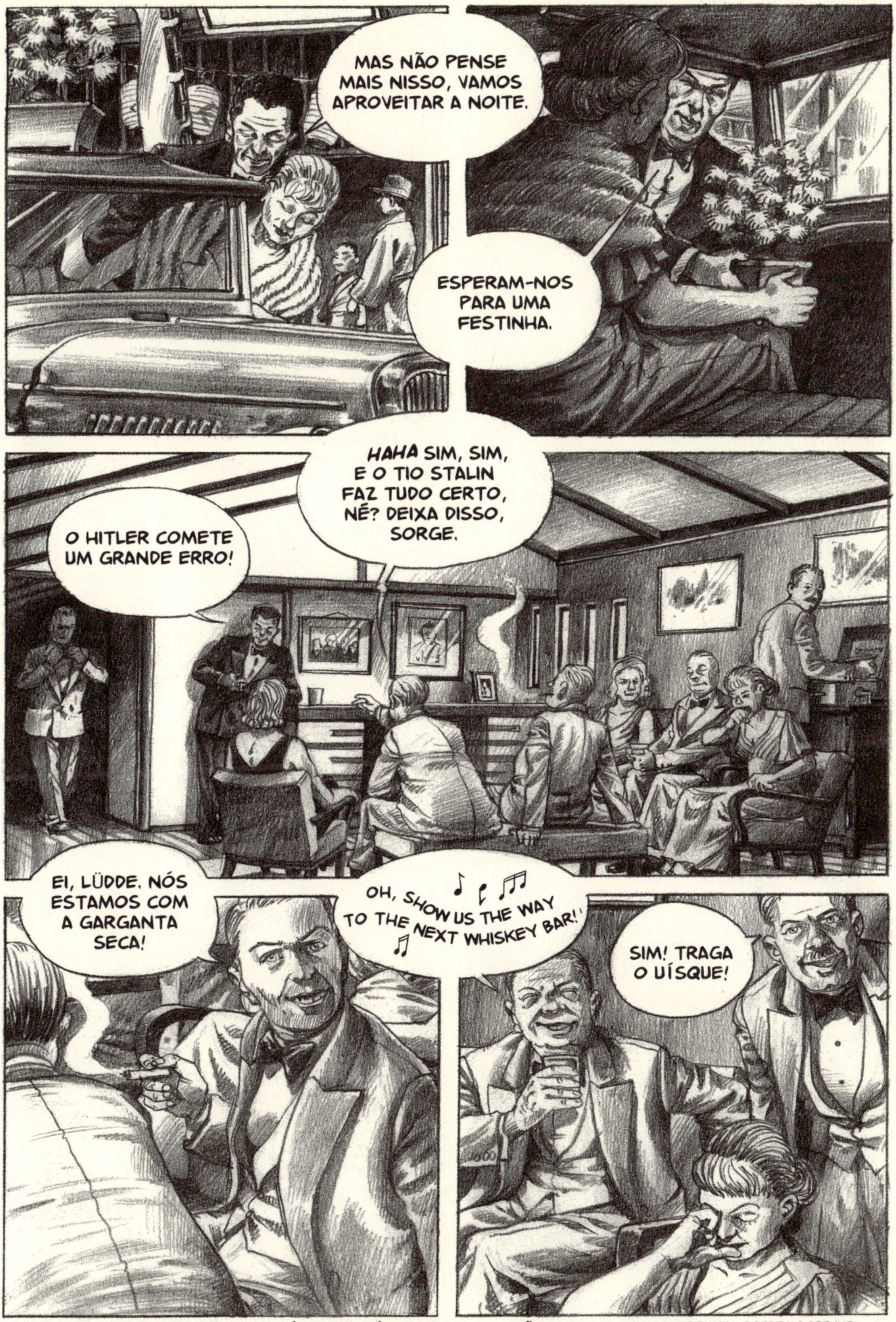

1. "OH, MOSTRE-NOS O CAMINHO PARA O BAR DE UÍSQUE MAIS PRÓXIMO", TRECHO DA CANÇÃO "ALABAMA SONG", DE KURT WEILL E BERTOLD BRECHT

CARAMBA! JÁ NÃO BEBERAM O BASTANTE?
DESTILADO É BOM CONTRA A SAUDADE DE CASA.
O SEU ESTOQUE DE DESTILADO É GRANDE O SUFICIENTE PARA A GUERRA?
HAHA SEU PESSIMISTA!
QUANDO A COISA COMEÇAR, SORGE, A VITÓRIA VIRÁ RÁPIDA COMO UM RAIO.
BEBAMOS A ISSO!
MOSCOU NÃO É PARIS!
AH, PARE DE BANCAR O RUSSO! SAÚDE!
O "RUSSO"?
SÓ UMA BRINCADEIRA. NA EMBAIXADA, NÓS O CHAMAMOS ASSIM, PORQUE ÀS VEZES PARECE DEFENDER OS RUSSOS!
MAIS UMA BEBIDA, FRAU HARICH-SCHNEIDER?
NÃO, OBRIGADA. PRECISO IR, ESTOU MUITO CANSADA!

EU A LEVO ATÉ A CASA.
NEM PENSAR! EU DIRIJO! PODE BUSCAR SEU CARRO AMANHÃ, SORGE.
OH, OS RUSSOS AINDA ESTÃO TRABALHANDO!
ENTÃO, SORGE? DEVO LEVÁ-LO ATÉ SEUS AMIGOS?

NÃO VEJO NADA. ESTÁ MUITO ESCURO!
POR AQUI, PREZADA SENHORA. EU A GUIAREI!
HAHA EI!
ENTÃO O SENHOR TEM INTERESSE EM MULHERES!
OH, CLARO!
HA HA HA HA
EMBAIXATRIZ!

EMBAIXATRIZ!
POR FAVOR, FIQUE QUIETO! ASSIM O SENHOR VAI ACORDAR A CASA INTEIRA!
AH, MEU DEUS! O SENHOR CONSEGUIU!
HA HA HA
OBRIGADA, HANZAWA, DESCULPE-ME...
...BOA NOITE, MAESTRINA.
BOA NOITE A TODOS!
HA HA HA!

UAU! DO ZORGUE-SAN?
SIM! POR FAVOR, COLOQUE-A LÁ EM CIMA DA MESA.
OBRIGADA, HANZAWA!
ETA QUERIDA, TEM UM MINUTO?
SIM, SIM, EU SEI!
SRA. OTT! SINTO MUITO... ONTEM ELE ESTAVA MUITO BÊBADO! SENÃO, NÃO TERIA NUNCA...
CONHEÇO O MEU SORGE JÁ HÁ MUITO TEMPO... POR ISSO EU A ACONSELHO A NÃO SE ENVOLVER COM ELE!
NENHUM DOS SEUS MUITOS CASOS DURAM MUITO...
ALÉM DISSO, ELE TEM UMA AMANTE JAPONESA QUE MORA DE TEMPOS EM TEMPOS COM ELE...
SÓ QUERO PREVENI-LA, ANTES QUE SEJA TARDE DEMAIS!

HARICH-
SCHNEIDER.
GOSTARIA DE
AGRADECER
PELA NOITE
DE ONTEM!
A ARVOREZINHA
FOI ENTREGUE,
HANZAWA FICOU
BEM IMPRESSIONA-
DA. OBRIGADA!
...HOJE À NOITE?
NO BAILE? SIM,
CLARO, ESTAREI LÁ.
BOM! ATÉ LÁ!
KLICK
KLICK
KLICK
É UM ESCÂNDALO!
PRECISO DE UM
LUGAR MAIOR!
NÃO POSSO ESTO-
CAR OS ARQUIVOS
DA GESTAPO NO
CORREDOR...
EU SEI, MESSINGER!
PEDIREI À SENHORA
HARICH-SCHNEIDER
PARA TROCAR DE
QUARTO COM O
SENHOR!

芳香庵

POUCO ANTES DO ATAQUE ALEMÃO CONTRA A UNIÃO SOVIÉTICA, RECEBI A NOTÍCIA DE MOSCOU DE QUE A NOSSA INFORMAÇÃO FORA RECEBIDA COM DESCRENÇA!

NESTE PERÍODO, O SERVIÇO SECRETO JAPONÊS JÁ COMEÇARA A VIGIAR AS PESSOAS DO MEIO COMUNISTA, SEM SABER BEM AONDE ISSO LEVARIA...

QUANDO A DITA MENSAGEM CHEGOU, ME DIRIGI IMEDIATAMENTE ATÉ O SORGE. ACREDITO QUE STALIN CONSIDEROU NOSSO TELEGRAMA COMO PROPAGANDA INIMIGA. ELE QUERIA CONTINUAR ACREDITANDO NO ACORDO DE PAZ COM A ALEMANHA.

O SORGE TEVE UM ATAQUE DE FÚRIA! EU NUNCA O HAVIA VISTO TÃO FORA DE SI...

CHEFE?
DUVIDAM!
DUVIDAM!
A QUE PONTO CHEGAMOS!

CHEFE, EU...
ELES NÃO PODEM FAZER ISSO!
COMIGO, NÃO!
SCH, SCH!
DEZ ANOS DE TRABALHO DURO!
PRA NADA!
E AGORA, CHEFE?
E AGORA O QUÊ?
E AGORA O QUÊ?

VENHA...
SUA EXCELÊNCIA NOS OBSERVA!
TENHO A SENSAÇÃO DE SER SEMPRE VIGIADA!
EU SEI...
ELA ME ALERTOU SOBRE O SENHOR. HAHA
ENTÃO? ACREDITA NELA?
VAMOS SUMIR DAQUI! É UM BOM MOMENTO!

HAHA NÓS SOMOS PESSOAS ADULTAS; NO ENTANTO, SAIO DE FININHO COMO UMA JOVEM MOCINHA!
PRECISA TORNAR-SE INDEPENDENTE!
APRENDA JAPONÊS! SABE LÁ QUANTO TEMPO PRECISARÁ FICAR AQUI, QUANDO A GUERRA COMEÇAR.
TALVEZ, NO FUTURO, A SENHORA SÓ POSSA CONTAR CONSIGO MESMA.
O SENHOR MORA AQUI SOZINHO?
NÃO HÁ NINGUÉM AQUI ALÉM DE NÓS.
VAMOS!

POSSO APRE-
SENTAR-LHE?
MEU REINO!
ENTÃO! À QUEDA
DO AUSTRÍACO
DE BIGODINHO!
SE ALGUÉM PODE VENCER
O HITLER, ESTA PESSOA
SOU EU! RICHARD SORGE!
HA HA
HA HA
SERIA
ÓTIMO!

ACREDITA EM MIM, NÃO É?
HUM?

UM ESTRANHO COMEÇO PARA UMA HISTÓRIA DE AMOR, MAS AS COISAS ESTAVAM ASSIM CONFUSAS NA ÉPOCA. PEGUEI A FEBRE RICHARD-SORGE!

O AMBIENTE COM OS OTT FICOU MAIS TENSO... AO ME ENVOLVER COM SORGE, EU HAVIA ENTRADO EM TERRENO PROIBIDO! ERA UMA AMEAÇA ÀS NORMAS DA CASA.

TIVE QUE ME MUDAR PARA UM QUARTO AO LADO DO DELES, PORQUE O OTT HAVIA PROMETIDO O MEU QUARTO PARA MEISINGER, O ADIDO DA POLICIA.

UMA SITUAÇÃO TERRÍVEL! MAIS DO QUE NUNCA, SENTIA-ME ESPIONADA E VIGIADA. MAS, APESAR DISSO, EU E RICHARD NOS ENCONTRÁVAMOS QUASE TODOS OS DIAS.

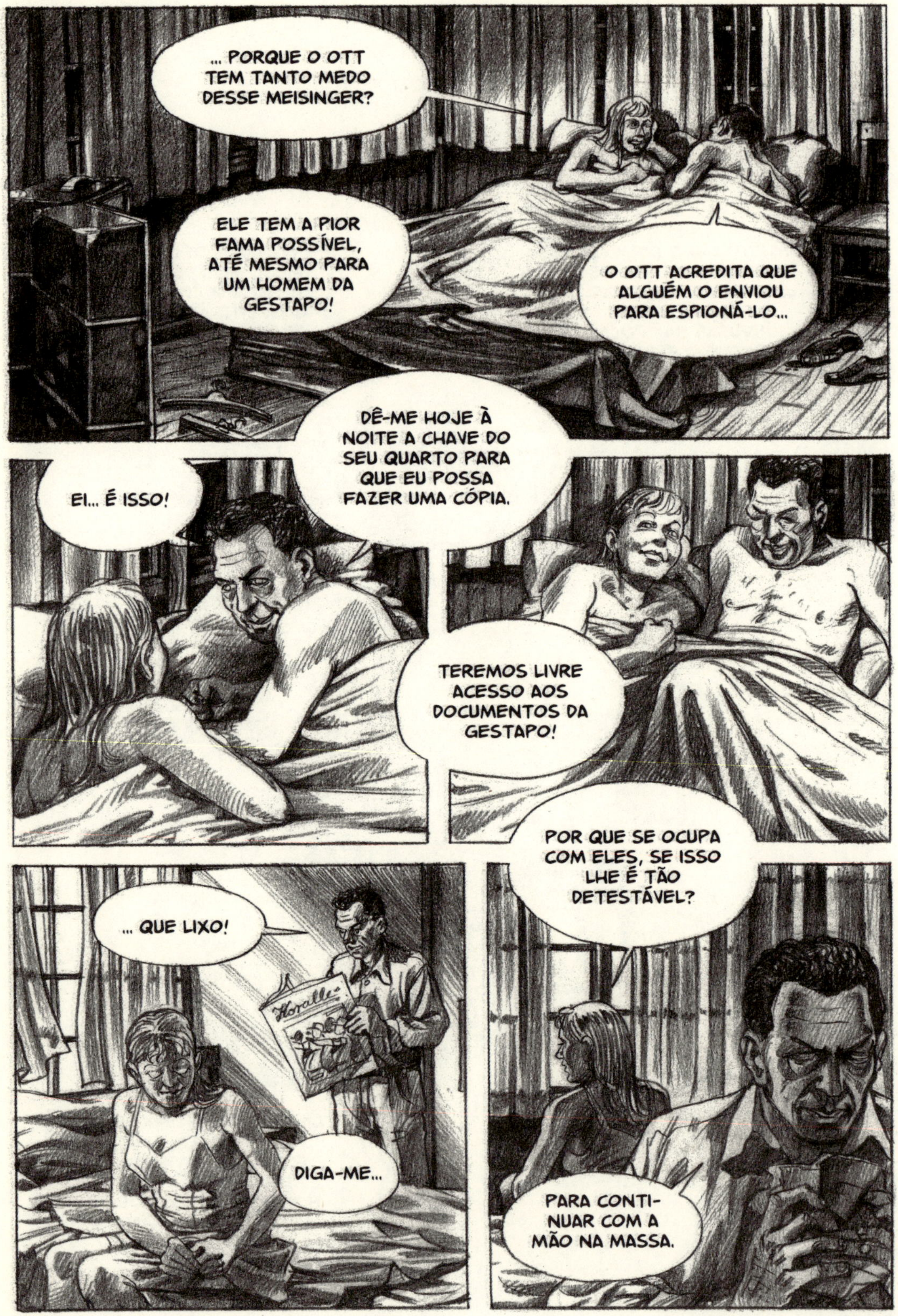
... PORQUE O OTT TEM TANTO MEDO DESSE MEISINGER?
ELE TEM A PIOR FAMA POSSÍVEL, ATÉ MESMO PARA UM HOMEM DA GESTAPO!
O OTT ACREDITA QUE ALGUÉM O ENVIOU PARA ESPIONÁ-LO...
EI... É ISSO!
DÊ-ME HOJE À NOITE A CHAVE DO SEU QUARTO PARA QUE EU POSSA FAZER UMA CÓPIA.
TEREMOS LIVRE ACESSO AOS DOCUMENTOS DA GESTAPO!
... QUE LIXO!
DIGA-ME...
POR QUE SE OCUPA COM ELES, SE ISSO LHE É TÃO DETESTÁVEL?
PARA CONTI-NUAR COM A MÃO NA MASSA.

SENHORA OTT?
POR QUE PEGOU A PLANTA?
PFFF!
ESTOU PEGANDO ALGO QUE NÃO TE PERTENCE!

QUERIDA MAESTRINA, O QUE POSSO LHE DIZER...
A SENHORA NOS ENCANTOU MAIS UMA VEZ!
PERMITA-ME QUE ME RETIRE, SENHORA OTT. PRECISO DORMIR.
MAS É CLARO, MINHA QUERIDA.
OBRIGADA, SR. OTT!

OBRIGADA.
AH, TENHA UM BOM DESCANSO.
QUE PENA!

HA HA HA
SENHOR, AQUI ESTÁ A MAÇÃ!
NÃO VI A PEDRA, SIMPLESMENTE SALTEI...
ISSO NÃO É NADA, SÓ UM ARRANHÃO.
VOCÊ CONSEGUIU ALGO ESPECIAL.
AGORA TEM QUE AGUENTAR AS CONSEQUÊNCIAS.

NÃO SEI NADA SOBRE VOCÊ... TEM FAMÍLIA?
FAMÍLIA?
NA EMBAIXADA DIZEM QUE VOCÊ VEM DA TURÍNGIA.
MAS POR QUE TE CHAMAM DE "RUSSO"?
UMA BRINCA-DEIRINHA DO NOSSO EMBAIXADOR!
ESTUDEI EM BERLIM E FUI SOLDADO NA GUERRA...
MAS NASCI EM BAKU E MINHA MÃE É RUSSA...
MEU PAI ERA ENGENHEI-RO DE MINAS! UM PASSA-DO BEM BURGUÊS PARA UM COMUNISTA, NÃO É?
COMUNISTA? VOCÊ?
E POR QUE NÃO? MUITOS DOS QUE RETORNARAM À PÁTRIA FILIARAM-SE AO PARTIDO.
BEM, AGORA PRECISAMOS CONFIAR UM NO OUTRO, CERTO?
VAMOS BEBER A ISSO!

POR TRÊS DIAS FIQUEI PENDURADO NO ARAME FARPADO. ESTAVA MAIS MORTO DO QUE VIVO, QUANDO FINALMENTE ME RESGATARAM.
VOCÊ NÃO PODE IMAGINAR, NINGUÉM QUE NÃO ESTEVE LÁ PODE. É DE ENLOUQUECER QUALQUER UM!
QUANDO SE ESTÁ PARA MORRER, A GENTE COMEÇA A SE FAZER CERTAS PERGUNTAS..!
UM MÉDICO DO HOSPITAL MILITAR ME DEU LIVROS...
ELE ME CUROU COM DOSES DA TEORIA SOCIALISTA!
DEPOIS DA GUERRA, INGRESSEI NO PARTIDO COMUNISTA ALEMÃO, ORGANIZEI CÉLULAS E TRABALHEI NAS MINAS... SEMPRE FAZENDO O MÁXIMO.
SEMPRE FUI DEDICADO EM TUDO QUE FIZ.
E DAREI UM BELO CHUTE ENTRE AS PERNAS DOS PORCOS EM BERLIM!

CERTAMENTE.
TENHO QUE IR.
EU TE LEVO!
... NÃO ENTENDO COMO PODE MANTER A AMIZADE COM OS OTT...
EU OS USO PARA OBTER INFORMAÇÕES.
FORA ISSO, NÃO HÁ NADA MAIS QUE NOS UNA.
NÃO SOU MAIS AMIGO DELES. ELES GOSTARIAM DISSO, MAS NÃO ME DEIXO CORROMPER.
VOCÊ TEM CERTEZA DE QUE CONSEGUE ENTRAR?
HANZAWA IRÁ ME DEIXAR ENTRAR.
BOA NOITE, MINHA QUERIDA.
BOA NOITE, RICHARD.

NÓS OUVIMOS PELA PRIMEIRA VEZ SOBRE O ATAQUE ALEMÃO CONTRA A UNIÃO SOVIÉTICA NO DIA 23 DE JUNHO. TODOS ESTAVAM COMPLETAMENTE CONVENCIDOS DE QUE SERIA UMA VITÓRIA RÁPIDA.
E APESAR DA EMBAIXADA TODA OCUPAR-SE EM LEMBRAR AOS JAPONESES OS SEUS DEVERES COMO MEMBROS DO EIXO, A VIDA SOCIAL SEGUIA COMO SE NADA ACONTECESSE...
NEM SEMPRE EU CONSEGUIA LIGAR SEM SER PERTURBADA, ASSIM, O RICHARD ME ENVIAVA, MUITO DISCRETAMENTE, BILHETES COMBINANDO ONDE E QUANDO DEVERÍAMOS NOS ENCONTRAR.
NA MAIORIA DAS VEZES, ACABÁVAMOS NO BAR DO HOTEL IMPERIAL, ONDE ELE QUASE SEMPRE SE EMBEBEDAVA...

TOC
TOC
POSSO FALAR UM MOMENTO COM A SENHORA?
CLARO, POR FAVOR, ENTRE...
PERMITA QUE EU EXPLIQUE.
QUERIA ME DESCULPAR PELA MINHA ESPOSA.
SABE... NOSSO CASAMENTO NÃO EXISTE NA REALIDADE HÁ DEZ ANOS... ACABEI ME ENVOLVENDO COM OUTRA...
APESAR DISSO, CONTINUAMOS COMPANHEIROS, EU RESPEITO A MINHA ESPOSA.
HÁ POUCOS ANOS, ELA TEVE UM ENVOLVIMENTO COM SORGE. INFELIZMENTE DUROU POUCO TEMPO. MAS ELA NÃO CONSEGUIU SUPERAR...
CLARO, FIQUEI COM CIÚMES. MAS, APE-SAR DISSO, O SORGE E EU PERMANECE-MOS AMIGOS.
MAS ISSO TAM-BÉM É PASSADO. A ÚNICA COISA QUE NOS UNE HOJE SÃO, INFELIZMEN-TE, INTERESSES POLÍTICOS!

SR OTT, GOSTO MUITO DA SUA ESPOSA!
MAS NÃO POSSO DEIXAR QUE ELA DECIDA COM QUEM ANDO!
VIAJAREI EM ALGUNS DIAS, MAS ATÉ LÁ PROCURAREI UM HOTEL...
AHM... VIAJAR?
NÓS ESTAMOS EM GUERRA COM A RÚSSIA, SENHORA HARICH-SCHNEIDER!
A SENHORA NÃO TEM COMO SAIR DO JAPÃO.
GOSTARIA DE SUGERIR QUE PERMANEÇA CONOSCO. A SENHORA É UM MEMBRO MUITO QUERIDO DA NOSSA FAMÍLIA.
OBRIGADA, SENHOR OTT, MAS...
POR FAVOR, A SENHORA CONQUISTOU OS NOSSOS CORAÇÕES...
TOC
TOC
E FAZ BEM PARA A MINHA ESPOSA! DESCULPE AS TOLICES DELA...

AQUI!
UM PRESENTE PARA VOCÊ!
ENTÃO, MINHA ESPOSA ACABOU DE LHE PEDIR DESCULPAS.
ELA ME PRESENTEOU COM UMA CIGARRA NUMA GAIOLA!
SENHOR OTT, DEIXE-ME ESCLARECER UMA COISA: MINHA ESTADA AQUI NÃO CONTA COM O BENEPLÁCITO OFICIAL! MINHA SITUAÇÃO É....
NEM MAIS UMA PALAVRA, SENHORA HARICH-SCHNEIDER!
SE NÃO SEI, POSSO AJUDAR. SE EU SOUBER DE ALGO, NÃO HÁ NADA QUE POSSA FAZER!

... MAIS DO QUE DOIS, TRÊS MESES NÃO DEVE DURAR.
SIM, TALVEZ A SENHORA POSSA PASSAR O NATAL COM AS SUAS FILHAS...
O QUE ACHA, SORGE? SERÁ POSSÍVEL VIAJAR NO NATAL?
INFELIZMENTE ESTOU SEM A MINHA BOLA DE CRISTAL, TENENTE.
SIM, ENTÃO O SENHOR PODE PREVER O FUTURO, DR. SORGE?
NÃO. MAS POSSO IMAGINÁ-LO.
BOA TARDE A TODOS.
HEIL HITLER, DR. SORGE!

LÁ, LÁ! A ESCRIVANI-NHA PERTO DA JANELA!
QUANDO TERMINAR, VENHA TOMAR UM CHÁ.
OBRIGADA, HANZAWA!
VENHA ULLI!
OBRIGADA, SENHORA OTT!

O HOMEM SABE O QUE FAZ.
NÓS JÁ HAVÍAMOS DITO AOS RUSSOS QUE PRECISAMOS DOS PRODUTOS DA UCRÂNIA...
... E SE NÃO QUEREM NOS DAR POR LIVRE VONTADE, PRECISAMOS TOMÁ-LOS!
BUA BUA BUA
POR FAVOR ME DESCULPEM... SENHORA OTT... MINHAS SENHORAS...

小田
川村塗装
NÃO AGUENTO MAIS! NÃO POSSO NEM TELEFONAR!
MUDE-SE ANTES QUE ISSO PIORE!
AH, SE ELES ME DEIXASSEM IR...
VAMOS! VAMOS ATÉ O HOTEL IMPERIAL PARA TOMAR ALGO.
... NO MÁXIMO EM TRÊS ANOS PERDEREMOS ESSA GUERRA...
... E SE OS JAPONESES ENTRAREM, TAMBÉM VÃO PERDER, CEDO OU TARDE...
ATÉ LÁ PRECISA APRENDER JAPONÊS O SUFICIENTE PARA PODER SUBORNAR A POLÍCIA DE IMIGRAÇÃO!

ENQUANTO ISSO, PODE USUFRUIR DA EMBAIXADA. BASTA INTERPRETAR O PAPEL QUE ELES PENSARAM PARA A SENHORA.
UMA INOCENTE MÚSICA E UM PEQUENO RAIO DE SOL.
E O OTT?
O BENÉVOLO PAI DA NAÇÃO, QUE PARA O SEU PRÓPRIO BEM, É CLARO, SE INTROMETE NA VIDA PRIVADA DOS SEUS SERVOS.
E EU? EU SOU O SELVAGEM SORGE, INCANSÁVEL, O SABE-TUDO DA POLÍTICA. MAS QUE INFELIZMENTE BANCA O "RUSSO".
RICHARD, PRECISO VOLTAR! OS OTT ME ESPERAM PRA O JANTAR.
NÃO, POR FAVOR. FIQUE. EU PEGO UM TÁXI!

SENTE-SE DIREITO, ULLI!
TELEFONE PARA O SENHOR, EMBAIXADOR, NO SEU ESCRITÓRIO.
POR FAVOR, QUEIRAM ME DESCULPAR...
SIM? OTT NA LINHA.
A GUERRA ESTÁ PERDIDA!
PERDIDA!
CLICK

1. CRIMINOSOS FODIDOS! ASSINAM UM PACTO DE AMIZADE COM STALIN E ENTÃO O APUNHALAM PELAS COSTAS!

2. MAS STALIN VAI DAR UMA LIÇÃO PARA ESSE FILHO DA PUTA. É ESPERAR PARA VER...

ESCUTE, EM SEU LUGAR, EU SERIA MAIS CUIDADOSO...
NUM BAR, NUNCA SE SABE COM QUEM ESTÁ SENTADO!
INGLESES, AMERICANOS... TALVEZ A GESTAPO!
MEISINGER É UM FILHO DA PUTA!
VOCÊS TODOS SÃO UNS FILHOS DA PUTA!
E SE ACHAM QUE OS JAPONESES VÃO ATACAR A SIBÉRIA POR AMOR A VOCÊS ESTÃO ENGANADOS!
E SEU EMBAIXADOR TAMBÉM ESTÁ ENGANADO!
SIM, SIM, ESTÁ BEM...
EI! DEVAGAR!

1. VOCÊ TEM QUARTO?
2. MEU AMIGO PRECISA DE UM LUGAR PARA DORMIR...
3. CLARO, PRECISA DE AJUDA?
4. ...VAMOS COLOCÁ-LO NA CAMA.
5. OBRIGADO, AGORA TOMO CONTA DELE.

CLAUSEN!
O SENHOR NÃO ESTAVA EM CASA! EU O PROCUREI...
COMUNICAÇÃO IMPORTANTE, ELES QUEREM SABER SUA OPINIÃO SOBRE OS JAPONESES...
EI, ESTÁ TUDO BEM?
É CLARO, CLAUSEN.

UMA SEMANA DEPOIS DO INÍCIO DA NOSSA INVASÃO, AINDA NÃO ESTAVA CLARO SE O JAPÃO NOS APOIARIA E ATACARIA A RÚSSIA...

O MINISTRO DO EXTERIOR JAPONÊS REAFIRMAVA SEMPRE A LEALDADE DO JAPÃO AO EIXO...POR OUTRO LADO, ELE HAVIA ASSINADO UM TRATADO DE PAZ COM STALIN...

TODOS ESTAVAM ANSIOSOS, ESPERANDO O RESULTADO DA CONFERENCIA IMPERIAL... LÁ SERIAM DETERMINADAS AS METAS POLÍTICAS PARA OS PRÓXIMOS ANOS.

MAIS TARDE, SE TORNOU CLARO PARA MIM O QUE O ATAQUE À RÚSSIA DEVE TER DESENCADEADO NO SORGE... NA ÉPOCA, EU ACREDITAVA QUE ELE ESTAVA NERVOSO PORQUE TATEAVA NO ESCURO COMO TODOS NÓS...

AS PROMESSAS DO MATSUOKA NÃO TÊM VALOR!
ALGUÉM PRECISA CONVENCER O GABINETE DE QUE É DE INTERESSE DELES APOIAR A ALEMANHA!
PODE INFORMAR AO SENHOR RIBBENTROP DE QUE TODO O NOSSO PESSOAL TRABALHARÁ PARA COLOCAR O JAPÃO NA GUERRA, SR. KORDT!
O SUCESSO DAS FORÇAS ARMADAS ALEMÃS FALA POR SI MESMO.
EM POUCO TEMPO, CENTENAS DE AVIÕES E TANQUES RUSSOS VIRARAM PÓ!
O EXÉRCITO VER-MELHO PERDEU TRÊS DIVISÕES EM APENAS POUCAS HORAS, IMAGINEM SÓ ISSO!
DR. SORGE?
O QUE ELE TEM?
NADA DE MAIS, HERR KORDT!
APENAS ALGUNS COPOS A MAIS ONTEM À NOITE!

RICHARD!
O QUE ACONTECEU?
ESSES PORCOS!
ESTA GUERRA ESTÁ ME ENVENENANDO!

くれ踊
加賀美家本店

MAIS UM TELEGRAMA DE BERLIM...
DEVO PRESSIONAR MAIS.
O JAPÃO DEVE OCUPAR VLADIVOSTOK E DEPOIS AVANÇAR PARA O OESTE.
LÁ, ELES DEVERÃO SE UNIR COM NOSSAS TROPAS INVASORAS.
MUITO SIMPLES, NÃO?
ELES NÃO ENTENDEM COMO É DIFÍCIL TRATAR COM OS JAPONESES.
...É O QUE DIGO: OS JAPONESES ESPERAM O EXÉRCITO VERMELHO SER DESTRUÍDO! ENTÃO, VÃO PEGAR TUDO SEM PRECISAR LEVANTAR UM DEDO!

AS MATÉRIAS-PRIMAS DE QUE ELES PRECISAM NÃO ESTÃO NA SIBÉRIA E SIM NO SUL! E ELES PRECISAM DELAS JÁ!
A GUERRA COM A CHINA CUSTA AO JAPÃO QUASE UM TERÇO DO ORÇAMENTO NACIONAL! JÁ FALTA ATÉ ARROZ!
EU TENHO A PROMESSA DO MATSUOKA! OS JAPONESES ENTRARÃO NA GUERRA ASSIM QUE CONQUISTARMOS MOSCOU!
KRETSCHMER ELABOROU UM PLANO DE ATAQUE COMPLETO PARA A CONQUISTA DA SIBÉRIA E DE VLADIVOSTOK.
JÁ SABEMOS QUE A MAIOR PARTE DAS TROPAS DA SIBÉRIA ESTÃO POSICIONADAS NO FRONTE OESTE! É UMA OPORTUNIDADE ÚNICA!
NÃO VAI CHEGAR A LUGAR NENHUM COM ESSE DISCURSO.
O JAPÃO NÃO IRÁ INTERVIR APENAS PARA NOS FAZER UM FAVOR!
ACREDITE EM MIM...
OS SENHORES ESTÃO PERDENDO TEMPO!

1. CIDADE TURÍSTICA QUE É UM TRADICIONAL REFÚGIO DOS MORADORES DE TÓQUIO, PRINCIPALMENTE NOS VERÕES

DE VEZ EM QUANDO PARECE QUE ELE É MESMO RUSSO, NÃO ACHA?
ADMIRO AS OPINIÕES AFIADAS DELE, SENHOR OTT...
E NOS VEMOS TODOS OS DIAS!
HRM! AH, SIM HAHA
TAMBÉM APRECIO AS OPINIÕES DELE!
SEMPRE PEÇO SEU CONSELHO, ATÉ PARA COISAS PESSOAIS!
SABE... ELE ME ACONSELHOU NA ÉPOCA A RECUSAR O POSTO DE EMBAIXADOR, ISSO IRIA CUSTAR O MEU CARÁTER...
SÓ QUE...
UM POUCO DE CARÁTER EU CERTAMENTE MANTIVE, NÃO É?
HUM...
O PROBLEMA COM O SORGE É A SUA INTRANSIGÊNCIA INGÊNUA. ELE NÃO ENTENDE COMO AS COISAS SÃO!

PODE ME DESCULPAR?
BOA NOITE!
PERDOE-ME. NÃO CONSEGUI CHEGAR A TEMPO!
HAHA, TODOS NOS OBSERVAM!
ESTÃO FALANDO O DIABO DE NÓS!
SIM, ACREDITAM QUE PODEM METER-SE NA MINHA VIDA!
ACABE COM ISSO! MUDE-SE! EU AJUDO...
RICHARD, POR FAVOR!
SABE, LOGO NÃO TEREI MAIS NADA QUE FAZER AQUI!
QUER IR EMBO-RA?
É PROVÁVEL QUE EU SEJA OBRIGADO A DEIXAR O PAÍS EM BREVE...
NÃO POSSO LHE DIZER O PORQUÊ!

MAS SEJA O QUE FOR QUE LHE DISSEREM DE MIM...
PROMETA-ME QUE NÃO IRÁ ACREDITAR EM UMA PALAVRA!
PARECE QUE ELE TAMBÉM TEVE ALGUMA COISA COM A MOHR.
ELA ESTÁ LOUCA DE CIÚMES DA SCHNEIDER!
O QUE ELA VÊ NESSE IGNORANTE?
AH..
VOCÊS SOUBERAM DA ÚLTIMA QUE ELE APRONTOU?
A HISTÓRIA DOS TELEFONEMAS?
DEUS, MAS QUE SUFOCO!
O EMBAIXADOR É TOLERANTE DEMAIS COM ELE!

1. EM JUNHO DE 1812, NAPOLEÃO INVADIU A RÚSSIA E AS VITÓRIAS INICIAIS PARECIAM INDICAR QUE SERIA UMA CAMPANHA FÁCIL E RÁPIDA. CONSEGUIU ATÉ MESMO TOMAR MOSCOU, MAS O DESGASTE DA CAMPANHA FOI TAMANHO QUE, A PARTIR DAÍ, O EXÉRCITO FRANCÊS NÃO TEVE ALTERNATIVA A NÃO SER RECUAR EM UMA RETIRADA DRAMÁTICA, NA QUAL CENTENAS DE MILHARES DE SOLDADOS FRANCESES MORRERAM OU FORAM FEITOS PRISIONEIROS. FOI A DERROTA QUE MARCOU A DECADÊNCIA DE NAPOLEÃO.

ETA!
ETA!
AONDE VOCÊ VAI?
APENAS UM PEQUENO PAS-SEIO, SENHORA MOHR...
EU VOU JUNTO!
SENHORA MOHR...

SENHORA MOHR...
POR FAVOR, O QUE HÁ?
VOCÊ ME TOMOU TUDO!
TOMOU MEU SORGE E O OTT TAMBÉM OHHH...
ESTOU SOZINHA E MEU MARIDO...
DEIXE DISSO...
PARE!
A SENHORA ESTÁ DOIDA!
NÃO ESTOU AQUI PARA CORRER ATRÁS DE HOMENS! DEUS! NÃO ESTOU INTERESSADA NISSO!

QUERIDA... VOCÊ É UMA GRANDE MÚSICA...
MAS EM TERMOS DE ESPERTEZA, ATÉ UMA PUTA IDIOTA TE PASSA A PERNA!
NÃO FALE COM ELES!
AGORA A MOHR IRÁ CONTAR A TODOS QUE VOCÊ É LÉSBICA, QUE VOCÊ MESMO DISSE ISSO A ELA!
HAHA MUITO ENGRAÇADO! NINGUÉM IRÁ ACREDITAR NISSO!
AH É?
QUE FIQUE CLARO PARA VOCÊ...
A ALEMANHA ESTÁ INDO PARA O SACO, MAS AS MULHERES AQUI SE INTERESSAM APENAS PELOS SEUS CASOS AMOROSOS E POR DINHEIRO!
A COISA É ASSIM!
VAMOS NOS EMBEBEDAR!
VAMOS...

O CALOR NOS DEIXOU LOUCOS! AS COISAS ESTAVAM RUINS PARA RICHARD. ELE ESTAVA NERVOSO, IRRITADO E BEBIA, COMO SEMPRE, MUITO!

ERA DIFÍCIL AGUENTAR SUA ARROGÂNCIA E SEUS DISCURSOS FURIOSOS! DESTRUÍA OS MEUS NERVOS. AO MESMO TEMPO, ELE SE MANTINHA LEAL, GENEROSO E CUIDAVA DE MIM!

EU TAMBÉM PASSAVA POR UMA TERRÍVEL MUDANÇA DE HUMOR! ME SENTIA UMA FRACASSADA!

ELE SIMPLESMENTE NÃO VIA O QUÃO ACABADA EU ESTAVA E O QUANTO EU PRECISAVA DE UM POUCO DE PAZ E TRANQUILIDADE...

EU SEMPRE TINHA UM SENTIMENTO DE CULPA, QUANDO O RECHAÇAVA.

JÁ A OUVIRAM TOCAR "SOUER MONIQUE" DE COUPERIN? NINGUÉM PODE IGUALÁ-LA...
PRECISAM CARREGÁ-LA NOS BRAÇOS!
ELA É UM GÊNIO...
E ELA É MINHA, MINHA!
RICHARD, POR FAVOR!
VAMOS! VAMOS DANÇAR!
PRECISO DESCANSAR. ESSA AGENDA TÃO CHEIA...
ENTÃO VAMOS PARA A MINHA CASA...
MAS AGORA FIQUE, POR FAVOR...
NÃO, PRECISO DORMIR!

PERMITA-ME?

BOM DIA
HANZAWA!
A SENHORA
HARICH-
SCHNEIDER
DEVE ESTAR
DORMINDO...
POR FAVOR,
QUANDO ELA SE
LEVANTAR,
ENTREGUE ISSO!
BOM DIA, LENZ!
O QUE HÁ DE
NOVO?
HEIL HITLER,
DR. SORGE...

PÉSSIMAS NOTÍCIAS! MATSUOKA ERA UM AMIGO FIEL DA ALEMANHA...
ELE SEMPRE ME DIZIA O QUANTO ADMIRAVA O FÜHRER...
MAS ESSE NOVO SUJEITO, TOYODA, É BEM FRIO CONOSCO.
PRECISAREI VOLTAR ATRÁS EM TODAS AS MINHAS PREVI-SÕES, RIBBENTROP IRÁ ESPUMAR...
FINALMENTE ENTENDE, OTT!
PARE DE GARANTIR AOS JAPONESES QUE AS FORÇAS ARMADAS ALEMÃS ESTARÃO NO FINAL DE AGOSTO EM MOSCOU!
ESSA GUERRA É UM CRIME! NÓS NÃO *PODEMOS* GANHÁ-LA.
AH.. O SENHOR NÃO É O ÚNICO COM DÚVIDAS SOBRE ESSA GUERRA!
MAS O QUE POSSO FAZER?

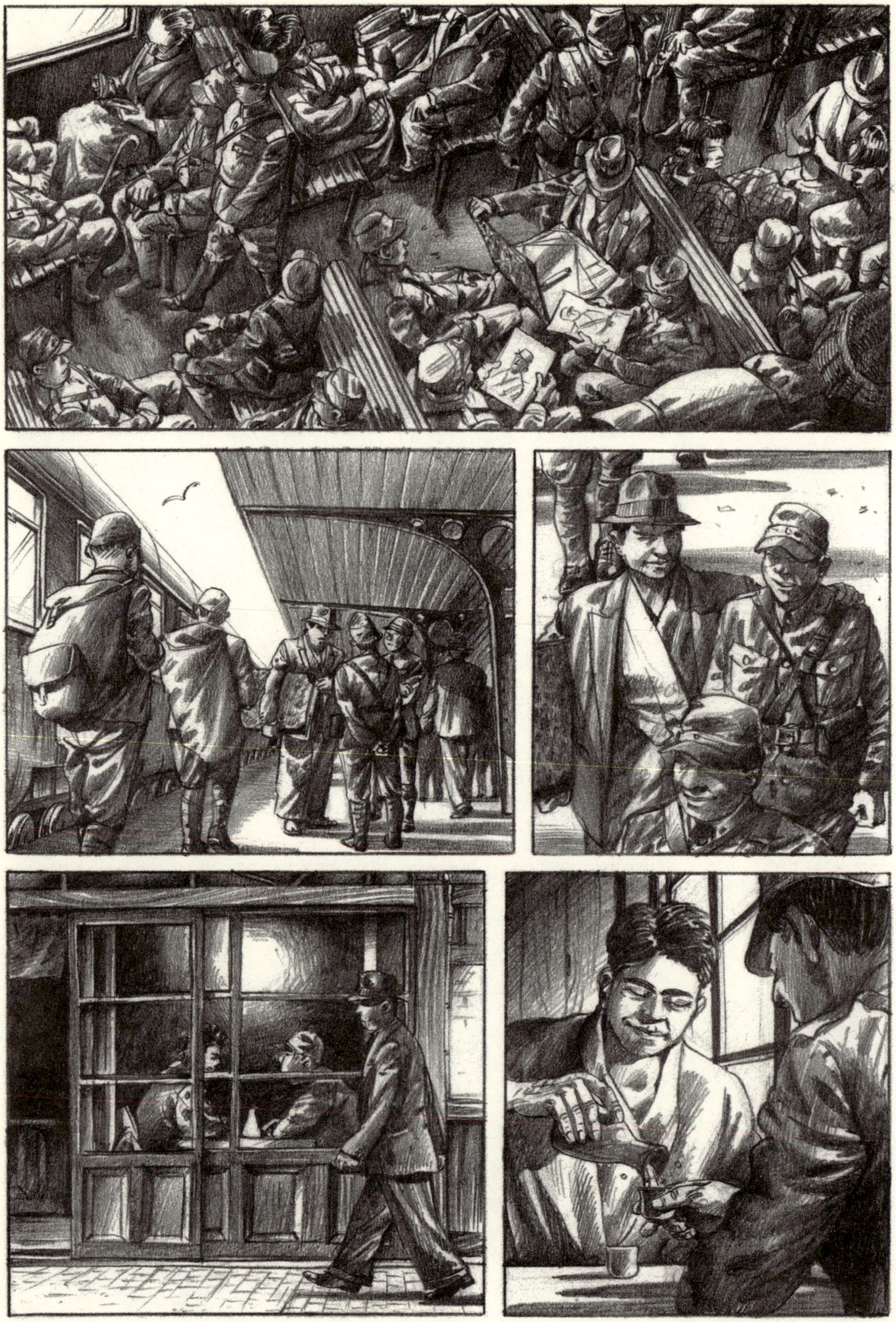

芳香庵

マルヤのパン
東光堂

NÓS ESPERAMOS DURANTE TODO O VERÃO... MAS NÃO HAVIA NENHUM INDÍCIO DO QUE OS JAPONESES PRETENDIAM FAZER, SE ATACARIAM AO NORTE OU AO SUL...

TUDO O QUE TÍNHAMOS ERAM AS ANÁLISES QUE SORGE FAZIA TENDO EM CONTA O ARMAMENTO E OS EQUIPAMENTOS DOS SOLDADOS... E OS MUITOS BOATOS QUE CORRIAM...

ALÉM DISSO, FICAMOS SABENDO QUE ALGUNS DOS INFORMANTES JAPONESES MAIS IMPORTANTES DO SORGE HAVIAM SIDO INTERCEPTADOS. O TERRENO PARA NÓS ESTAVA PEGANDO FOGO.

UMA VEZ, FUI ATÉ ELE EM BUSCA DE NOTÍCIAS E SUA NAMORADA JAPONESA ESTAVA LÁ E CHORAVA...

1. A POLÍCIA NÃO PODE TE TIRAR DE MIM!

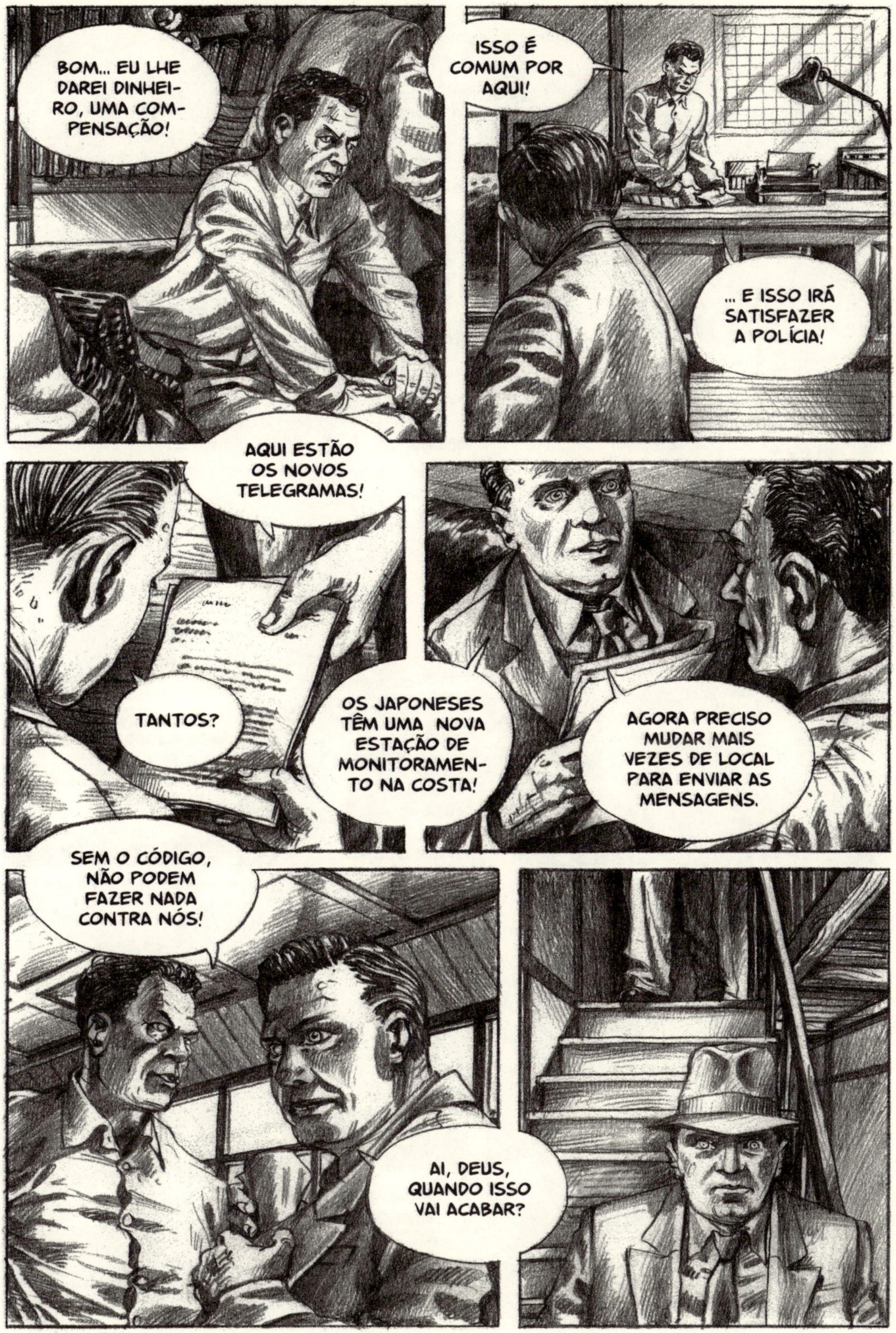
BOM... EU LHE DAREI DINHEI-RO, UMA COM-PENSAÇÃO!
ISSO É COMUM POR AQUI!
... E ISSO IRÁ SATISFAZER A POLÍCIA!
AQUI ESTÃO OS NOVOS TELEGRAMAS!
TANTOS?
OS JAPONESES TÊM UMA NOVA ESTAÇÃO DE MONITORAMEN-TO NA COSTA!
AGORA PRECISO MUDAR MAIS VEZES DE LOCAL PARA ENVIAR AS MENSAGENS.
SEM O CÓDIGO, NÃO PODEM FAZER NADA CONTRA NÓS!
AI, DEUS, QUANDO ISSO VAI ACABAR?

渋谷まで 4分
地下鉄
ELES ESTÃO NO NOSSO RASTRO!
ELES IRÃO NOS PRENDER!
EU LHE DISSE!
SORGE NÃO PODE NOS AJUDAR QUANDO POLÍCIA VEM. ENTÃO, EMPRESA E TUDO ACABADO.
E PARA QUÊ? EU TE PERGUNTO...
POR QUE NÓS LUTAMOS? LÁ EM CASA TUDO DESTRUÍDO! TODOS AMIGOS E CAMARADAS MORTOS!
TENHO MEDO! NÃO QUERO VOLTAR PARA MOSCOU! AQUI VIVER BEM!

1. FAMOSA COLEÇÃO DE CANÇÕES TRADICIONAIS ALEMÃS, LANÇADA EM 1909

MERCEDES! MERCEDES!
HEIL!
HEIL!
HAHA! KARUIZAWA ESTÁ NA MÃO DOS ALEMÃES, NÃO?
NO VERÃO ESTÃO TODOS AQUI, NÃO APENAS O POVO DO EIXO, MAS TODOS OS OUTROS ESTRANGEIROS.
AQUI REINA A BRISA FRESCA E A HARMONIA COSMOPOLITA.
BEM-VINDOS! BEM-VINDOS!
NÃO É MARAVILHOSO AQUI EM CIMA? ESSE AR!

1. "QUE CHOCANTE!"

AH!
VOLTAREI PARA TÓQUIO! TENHO MUITO O QUE ESCREVER.
ESSA CONVERSA FIADA RIDÍCULA ACABA COMIGO!
PRECISO IR EMBORA!
QUERIA IR COM VOCÊ!
ENTÃO, VENHA! DANE-SE O RESTO!
NÃO POSSO OFENDER OS OTT DESSA MANEIRA.
COMO VOCÊ QUISER!
O OTT PROMETEU ARRUMAR UMA CASA PARA MIM.
EU ME TORNAREI INDEPENDENTE, COMO VOCÊ ME ACONSELHOU!
MINHA PEQUENA VALENTE!

1. SENHOR OZAKI, CÁ ENTRE NÓS...

2. NÃO PRETENDEMOS COMEÇAR A GUERRA ESTE ANO.

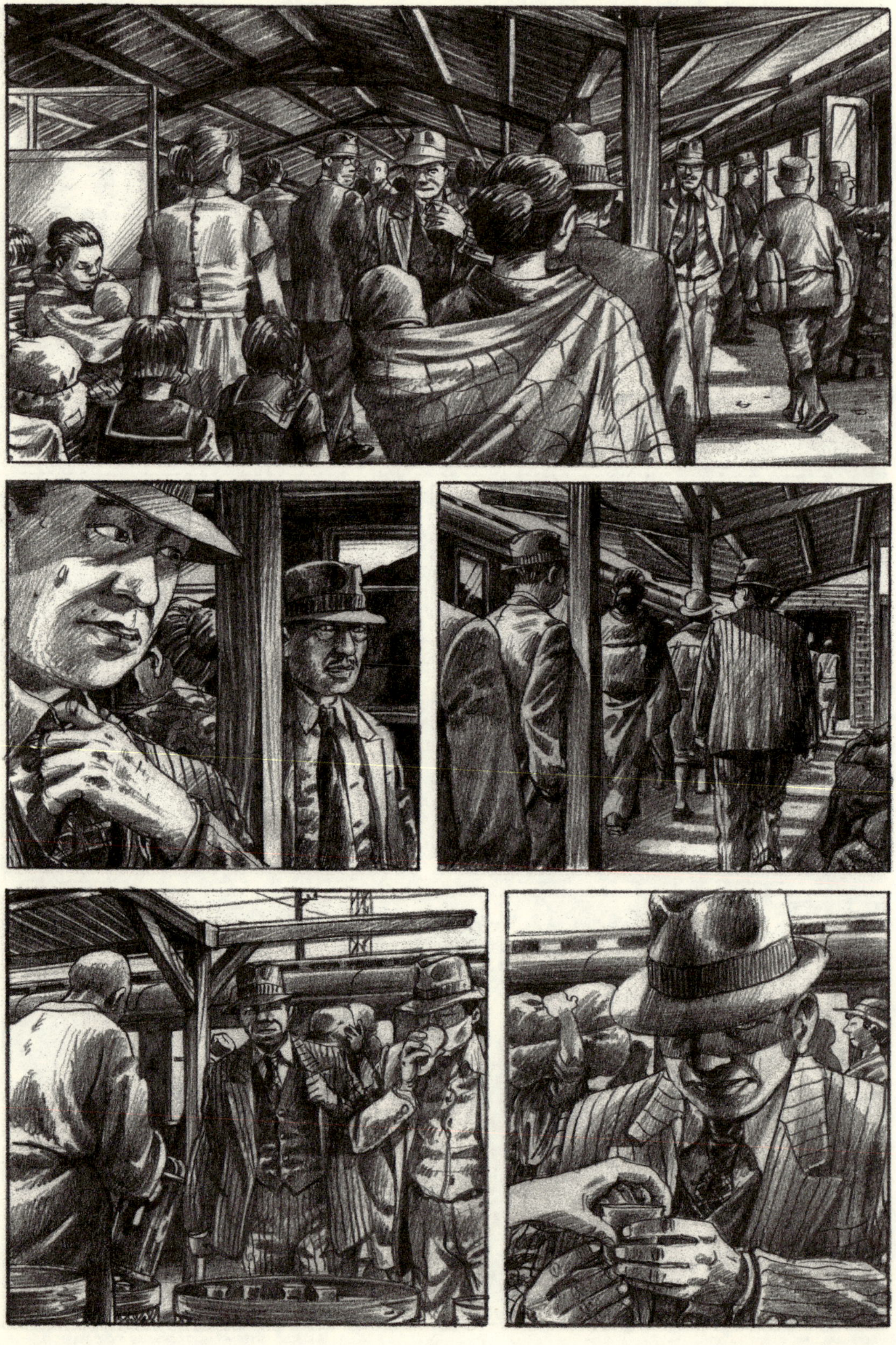

1. UFF! QUE CALOR, NÃO É?
2. LARGUE DO MEU PÉ!

1. ACABEI DE TER UM ALMOÇO COM SAIONJI...

2. ESTÁ DEFINIDO QUE NESTE ANO O JAPÃO NÃO VAI INVADIR A SIBÉRIA...

DEPOIS DAS FÉRIAS DE VERÃO, OTT ME CONSEGUIU UMA CASA. UMA CASA SÓ MINHA. EU ESTAVA FELIZ POR SER NOVAMENTE DONA DO MEU NARIZ! EU QUERIA ME SUSTENTAR COM O QUE RECEBIA PELOS CONCERTOS.
NO DIA 24 DE AGOSTO, O SORGE DESCOBRIU ALGO QUE MUDOU COMPLETAMENTE O SEU HUMOR: O GOVERNO JAPONÊS HAVIA DE ALGUMA FORMA DECIDIDO NÃO ATACAR A UNIÃO SOVIÉTICA.
DESSA VEZ, ACREDITARAM NA MENSAGEM DE RÁDIO VINDA DE TÓQUIO – STALIN PÔDE CONCENTRAR SUAS TROPAS SOMENTE NO FRONTE OCIDENTAL E BARRAR OS ALEMÃES!
QUANDO O SORGE ME VISITOU PELA PRIMEIRA VEZ EM MEU NOVO LAR, ELE ESTAVA TOTALMENTE FORA DE SI, COMO SE TODA A TENSÃO DOS ÚLTIMOS ANOS TIVESSE DE REPENTE SE DISSIPADO.
FOI ENTÃO QUE TIVEMOS A NOSSA GRANDE BRIGA. SE EU TIVESSE APENAS ME CALADO E O DEIXADO TAGARELAR COMO SEMPRE!

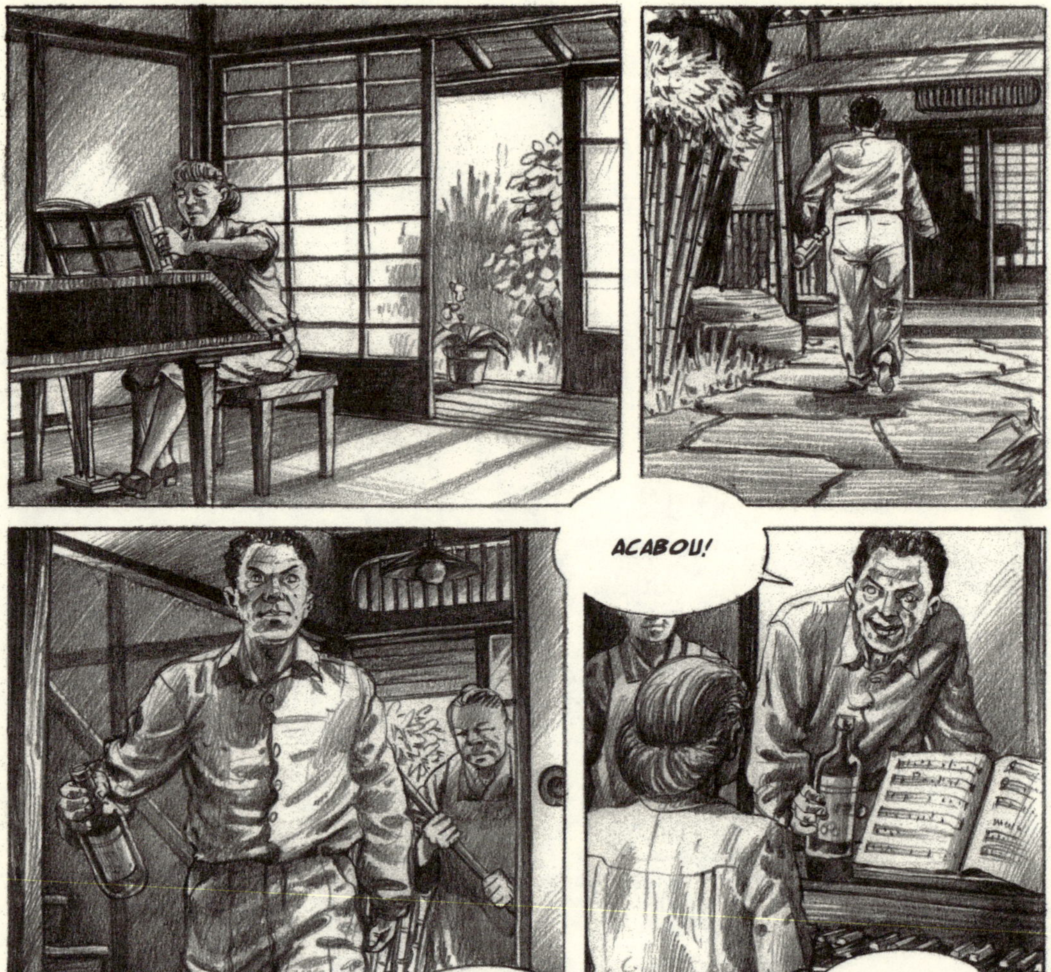
ACABOU!
ACABOU O QUÊ?
NÃO PRECISO MAIS DO OTT!
PARA MIM ELE PODE IR PARA O INFERNO, ELE E TODA A SUA TRUPE!
POR FAVOR, EXPLIQUE!
O QUE VOCÊ TEM?

EU OS DERROTEI! TODOS! PODE ME PARABENIZAR!
RICHARD!
NÃO ESTOU ENTENDENDO NADA!
PRECISO IR!
ALGUM DIA IRÁ ENTENDER!
VAMOS, PARA O CARRO, VAMOS PASSEAR!

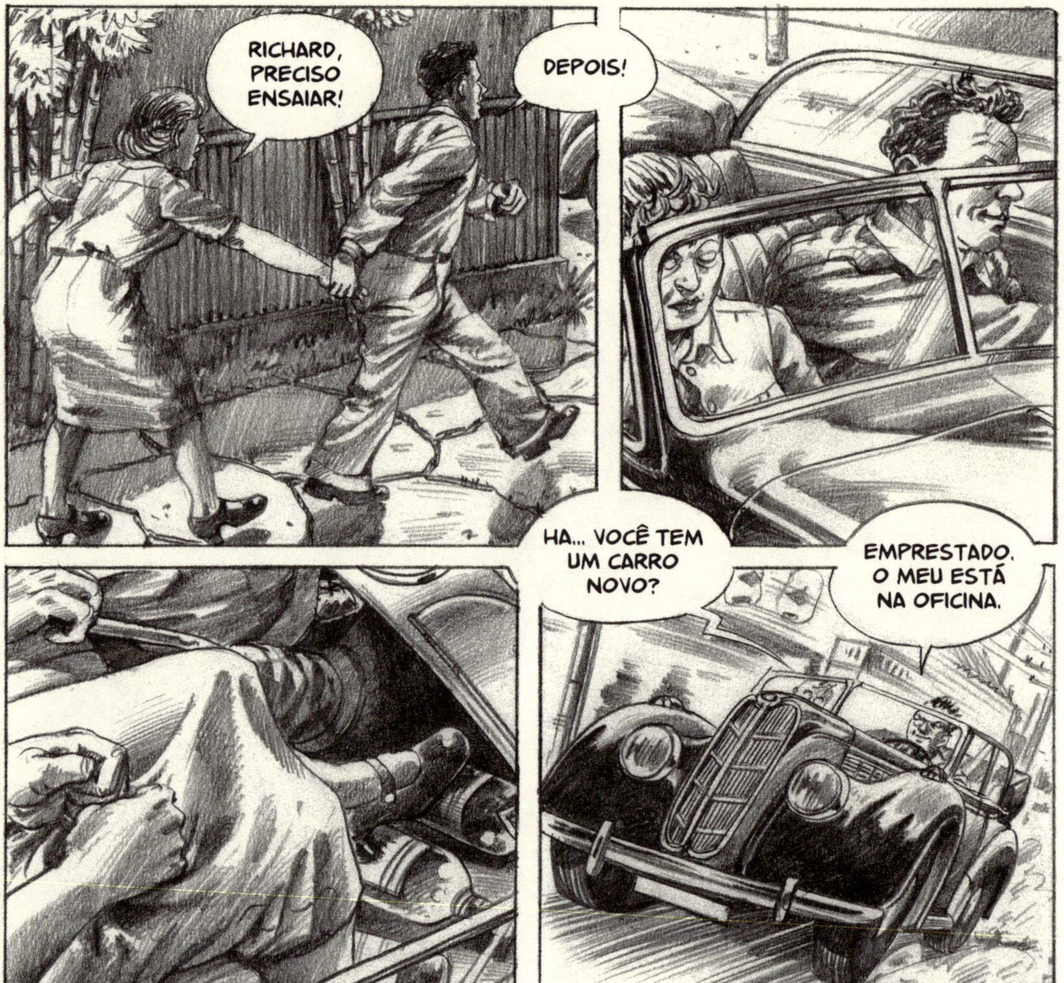
RICHARD, PRECISO ENSAIAR!
DEPOIS!
HA... VOCÊ TEM UM CARRO NOVO?
EMPRESTADO. O MEU ESTÁ NA OFICINA.

HA HA
HA HA

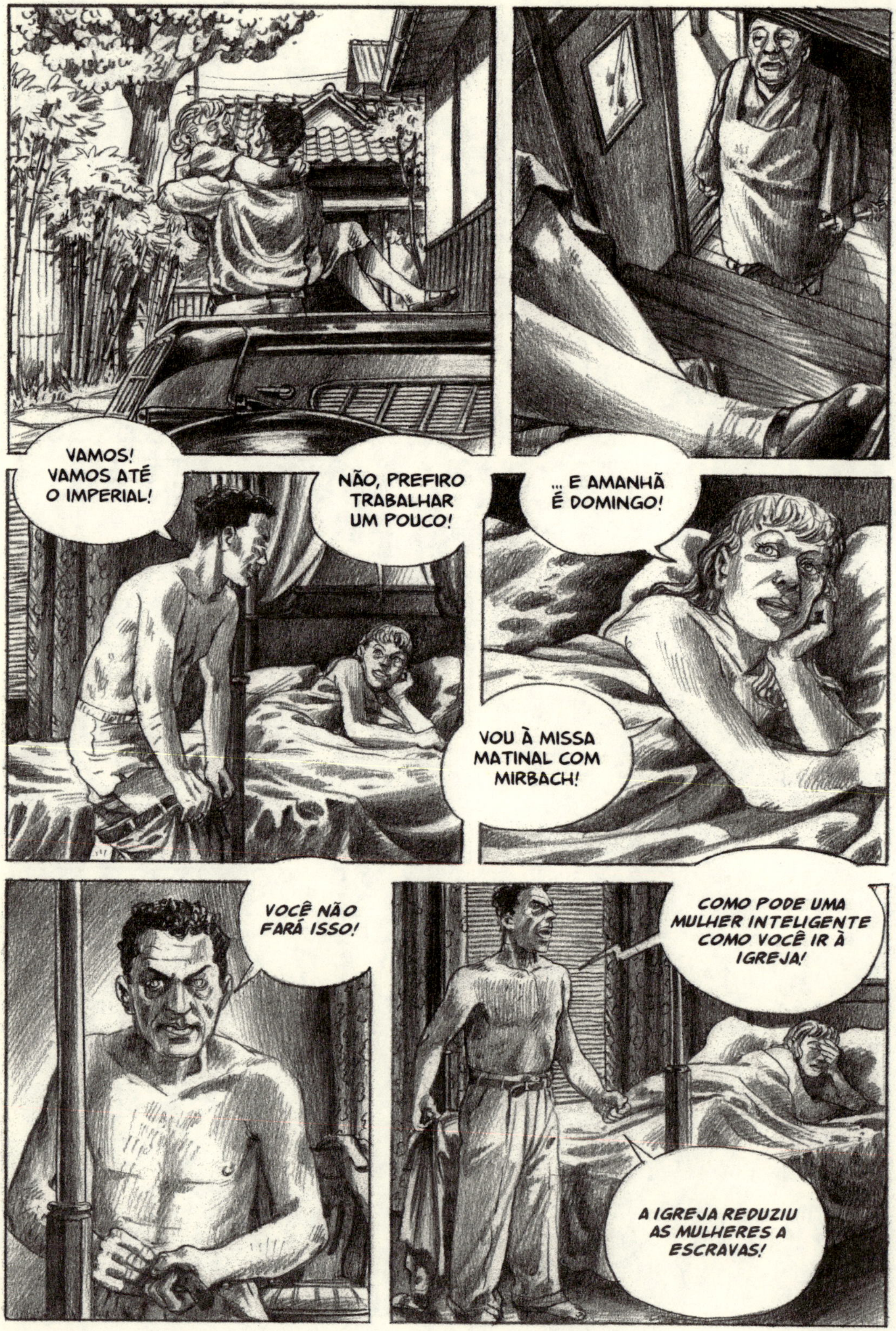
VAMOS! VAMOS ATÉ O IMPERIAL!
NÃO, PREFIRO TRABALHAR UM POUCO!
... E AMANHÃ É DOMINGO!
VOU À MISSA MATINAL COM MIRBACH!
VOCÊ NÃO FARÁ ISSO!
COMO PODE UMA MULHER INTELIGENTE COMO VOCÊ IR À IGREJA!
A IGREJA REDUZIU AS MULHERES A ESCRAVAS!

COMO PODE ACEITAR UMA DOUTRINA QUE DETERMINA O QUE VOCÊ FAZ COM O SEU CORPO?
VOCÊ NÃO PRECISA VIR JUNTO. FAÇO UMA PRECE POR VOCÊ!
NÃO SE ATREVA! EU A PROÍBO!
SE DEUS EXISTIS-SE, EU IRIA ME REBELAR CONTRA TAL MONSTRO!
O CRIADOR DE UM MUNDO TERRÍVEL...
... EM QUE OS PODEROSOS ESMAGAM O POVO!
PARE! PARE COM ISSO!

1. QUE NÃO VOLTE MAIS.

1. SAI DA FRENTE! SAI DA FRENTE!
2. RITSU ITÔ É VOCÊ?!
3. SIM, SOU EU...
4. M-MAS DO QUE SE TRATA?
5. VENHA COM A GENTE!

1. DIGA O NOME!
2. É ALGUÉM DESTA LISTA?!
3. NÃO ADIANTA MENTIR!
4. VAMOS, FALE! SERÁ MELHOR PARA VOCÊ!

M. CLAUSEN * SHOKA
ENTRE...
RÁPIDO!
E? ALGUMA NOVIDADE?
PSST!
O QUE HÁ?
ELES ESCUTAM ATRÁS DA PORTA! EU JÁ OS PEGUEI NO FLAGRA UMA VEZ!
AQUI...
ESTÁ BEM. FAREI O QUE FOR POSSÍVEL!
PEDI À CENTRAL PARA NOS LIBERAR!
NOSSA MISSÃO AQUI JÁ FOI CUMPRIDA!

OH, DEUS!
ESPERO QUE ELES SE APRESSEM!
DÊ-ME UM POUCO TAMBÉM!
KAMPAI!
A NÓS!
PENSA EM VOLTAR PARA MOSCOU?
O QUE QUER DIZER COM ISSO, CLAUSEN?
... NÓS SOMOS OS ÚLTIMOS DO GRUPO DE LÊNIN...
TODOS OS OUTROS ESTÃO...
QUERO DIZER, SE VOLTARMOS, NÃO SEREMOS TAMBÉM...

IREI DESFAZER A ORGANIZAÇÃO E DEIXAR TÓQUIO.
DÊ-ME MAIS UM!
OS MEUS SINCEROS CUMPRIMENTOS AO VUKELIC E À SUA ESPOSA...

ESCUTE...
SINTO MUITO POR TER TE MAGOADO!
... GOSTARIA MUITO DE VÊ-LA.
VOCÊ TEM TEMPO HOJE À NOITE?
... NÃO. TENHO VISITAS E PRECI-SO TRABALHAR!
BOM. ATÉ AMANHÃ À NOITE, ENTÃO, NOS OTT!
AH, MINHA FESTA DE ANIVERSÁRIO! ELES CONVIDA-RAM A TODOS DA EMBAIXADA!
O QUÊ?
ESSES MALDITOS BASTARDOS!

EI, DEIXE ISSO!
O MÉDICO O PROIBIU DE FAZER ESFORÇO!
VOCÊ ME PROME-TEU!
ANNA!
ESTOU COM MEDO, MAX! VOCÊ CONTINUA TRABALHANDO COM O SORGE!
MAS ESTOU MAIS CUIDADOSO!
O QUE VOCÊ QUER DIZER?
NÃO ENVIO TUDO QUE ELE ME PASSA!
MAS... SE A CEN-TRAL PERCEBER...
NÃO TENHA MEDO, ELES NÃO VÃO PERCEBER!
ENVIO AS COISAS IMPORTANTES!
É O QUE POSSO FAZER, ANNA!

1. PARABÉNS, SENHOR SORGE, FELIZ ANIVERSÁRIO!
2. OBRIGADO, HANAKO.
3. HÁ MUITOS POLICIAIS AQUI HOJE! VOCÊ ESTÁ COM MEDO?
4. SIM.
5. NÃO FIQUE TRISTE! É MELHOR PARA VOCÊ NÃO ME VER MAIS!
6. VOCÊ ESTARÁ MAIS SEGURA NA CASA DA SUA MÃE! LÁ ESTARÁ SEGURA!
7. E VOCÊ NÃO FICARÁ SOZINHA, QUANDO EU ME FOR!
8. POR QUÊ? VOCÊ ESTÁ INDO EMBORA?
9. EU PRECISO...
10. TEMO QUE O JAPÃO VÁ ME MATAR! UM GRANDE TEMOR!

O SENHOR LHE EMPRESTOU O CARRO? EU DEVERIA TÊ-LO PREVENIDO!
OS PNEUS ESTÃO MURCHOS!
FIQUE FELIZ QUE FORAM APENAS OS PNEUS!
BOM, QUERI-DO AMIGO...
À SUA SAÚDE!
SAÚDE!
OBRIGADO A TODOS!
SAÚDE!

... E, POR FAVOR, DESCULPEM-ME...
EU TENHO UM COMPROMISSO! DESEJO A TODOS UMA NOITE MARAVILHOSA!
AH... DÁ PARA ENTENDER?
QUE ATREVI-MENTO!
INACREDITÁVEL!
O HOMEM É IMPREVISÍVEL!
AH, É UM BÊBADO, ISSO SIM!
TÁXI!

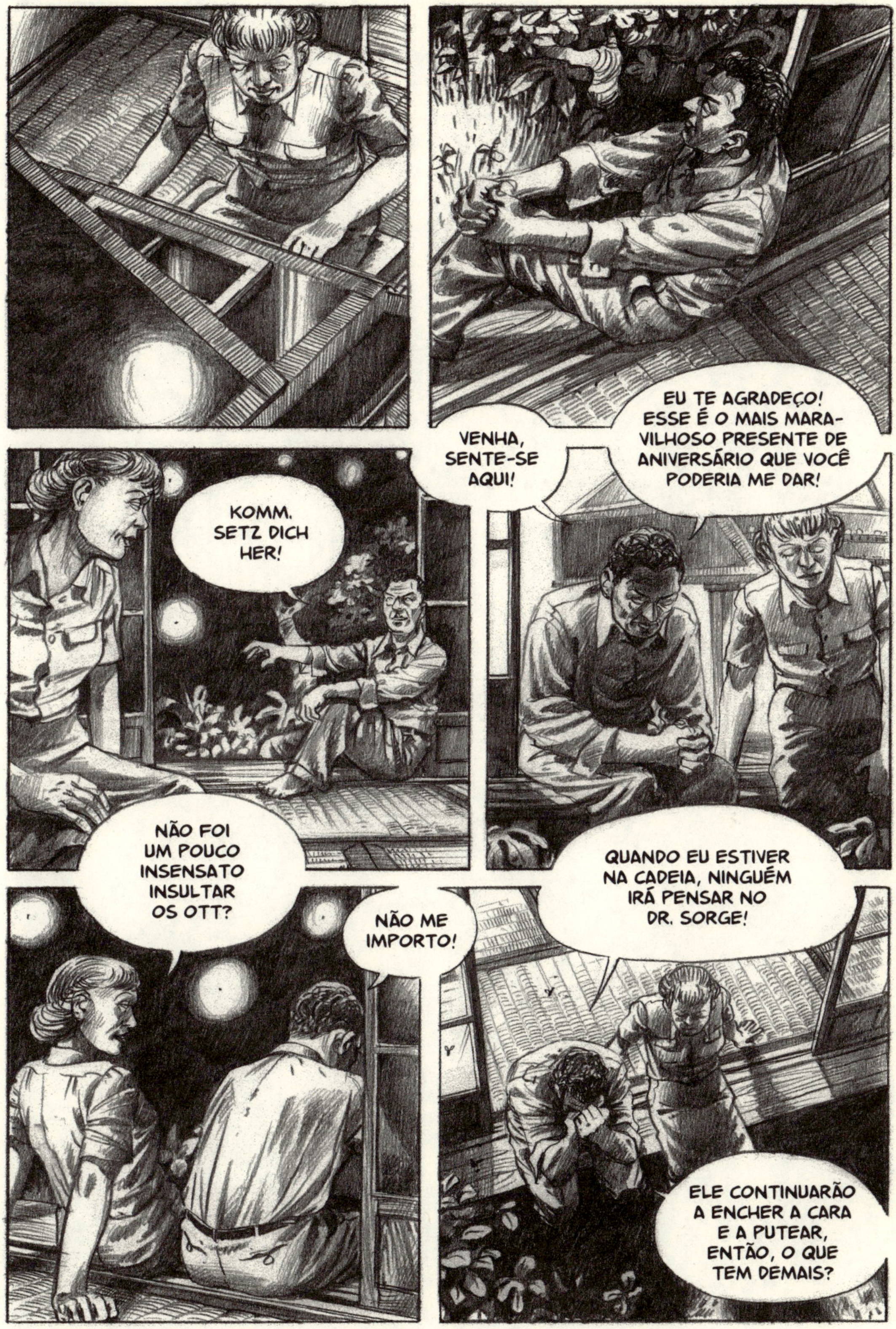
KOMM. SETZ DICH HER!
VENHA, SENTE-SE AQUI!
EU TE AGRADEÇO! ESSE É O MAIS MARAVILHOSO PRESENTE DE ANIVERSÁRIO QUE VOCÊ PODERIA ME DAR!
NÃO FOI UM POUCO INSENSATO INSULTAR OS OTT?
NÃO ME IMPORTO!
QUANDO EU ESTIVER NA CADEIA, NINGUÉM IRÁ PENSAR NO DR. SORGE!
ELE CONTINUARÃO A ENCHER A CARA E A PUTEAR, ENTÃO, O QUE TEM DEMAIS?

PRISÃO?
VOCÊ ENCONTROU ALGO NOS ARQUI-VOS DA GESTAPO? O MEISINGER ESTÁ ATRÁS DE VOCÊ?
NÃO, NÃO...
SÓ ESTOU COM DOR DE CABEÇA...
VOCÊ ESTÁ DOENTE!
PRECISA IR DIRETO PARA A CAMA!
EU CHAMO UM TÁXI!
OBRIGADO!
DEVO IR JUNTO?
EU ME CUIDO! LIGUE PARA MIM AMANHÃ CEDO, ESTÁ BEM?

ELE FOI SE ENCONTRAR COM A HARICH-SCHNEIDER, CERTO?
AH, SIM. FOI UM POUCO INADEQUADO NÃO CONVIDÁ-LA.
DEIXAR-NOS DAQUELA FORMA, DEPOIS DE TUDO QUE FIZEMOS POR ELE!
ELE NÃO PENSOU NEM UM POUCO EM VOCÊ, NA SUA POSIÇÃO COMO EMBAIXADOR!
VOCÊ O CONHECE! VOCÊ DEVERIA TER PENSADO NO TEMPERAMENTO DELE ANTES DE...
HRM...
SIM?
UMA LIGAÇÃO DO DR. SORGE, ELE ESTÁ DOENTE E GOSTARIA DE PEDIR-LHE DESCULPAS.
ESTÁ VENDO? ESTÁ ESCLARECIDO POR QUE AGIU DAQUELA FORMA ONTEM À NOITE!
COITADO! SERÁ QUE DEVEMOS ENVIAR-LHE A SRTA. BERGER?

A BERGER? SIM, POR QUE NÃO? BOA IDEIA...
A BERGER É JOVEM E BONITA...
TALVEZ UMA ENFERMEIRA ESPERTA COMO ELA CONSIGA ENFIAR UM POUCO DE RAZÃO NA CABEÇA DO SORGE!
SERIA A MULHER CERTA PARA ELE!
MAS HELMA!
TRINTA E NOVE E MEIO.
É MELHOR O SENHOR DESCANSAR!
ALGUÉM BATEU NA PORTA...
SERÁ QUE A SENHORA PODERIA POR GENTILEZA...

OBRIGADO.
BOA TARDE, MEU NOME É CLAUSEN!
ENTRE, POR FAVOR!
POR FAVOR, NÃO DEMOREM!
ELE ESTÁ COM UMA FEBRE MUITO ALTA!
TENHO UMA NOVA MEN-SAGEM PARA O SENHOR.
PSST!
A ENFERMEIRA!
NÃO VÁ EMBORA! "JOE " VIRÁ A QUAL-QUER MOMENTO COM O MATERIAL, EU PRECISO DO SENHOR AQUI.
O QUÊ? ELE VEM PARA CÁ?
ISTO É LOUCURA!
ESTOU CANSADO...
LOUCURA!

ESTAVA SEMPRE BÊBADO. SEMPRE VIVEU MAL, POR ISSO ESTAVA DOENTE!
NÃO FOI APENAS A FEBRE! ELE ESTAVA ACABADO! COMPLETAMENTE EXAUSTO!
DEIXOU DE LADO AS MAIS ELEMENTARES NORMAS DE SEGURANÇA...
FOI COMPLETA IRRESPONSABILIDADE RECEBER EM CASA INFORMANTES JAPONESES, QUE ELE SABIA QUE ESTAVAM SENDO SEGUIDOS.
UM SUICÍDIO!

1. POR FAVOR!
2. ELE ME PEDIU PARA PEGAR O MATERIAL
3. É MUITO PERIGOSO MANTER ISTO EM SUA CASA ENQUANTO ELE ESTIVER DE CAMA!
4. ELE ESTÁ MUITO DOENTE?
5. SÓ PRECISA FICAR DE CAMA POR UNS DIAS, NADA SÉRIO!
6. TRAGO MAIS NA PRÓXIMA SEMANA! ESPERO QUE ELE MELHORE!
7. SIM, CLARO!

餅 あかねや
三笠
火炎報知署
FIRE ALARM

1. BOM TARDE, SRA. TAMI
2. BO... BOA TARDE, SR. MIYAGI

COMO VAI O SEU PACIENTE, SENHORITA BERGER?
TRABALHA SEM PARAR, SENHOR EMBAIXADOR!
ENTÃO NÃO SOU BEM-VINDO?
SEREI RÁPIDO!
... E AS VISITAS NÃO PARAM...
AH, DESCULPE-ME, NÃO ME REFERIA AO SENHOR, EMBAIXADOR!
DR. SORGE, POSSO ENTRAR?
OTT! VISITANDO DOENTES?
PSST!
TROUXE ALGO PARA O SENHOR: UM FORTIFICANTE!
HAHA

OPA! RESERVA PESSOAL?
SENTI FALTA DAS NOSSAS CONVERSAS MATINAIS!
AS NEGOCIAÇÕES DOS JAPONESES COM OS EUA ME PREOCUPAM...
ACREDITA QUE ELES POSSAM ENTRAR EM ACORDO?
IMAGINO QUE BERLIM NÃO ESTEJA INTERESSADA NUMA SOLUÇÃO PACÍFICA...
SEI DE FONTES SEGURAS QUE O GOVERNO KONOE ESTÁ ACABADO, SE ATÉ MEIO DE OUTUBRO NÃO HOUVER NENHUM ACORDO...
ENTÃO O SENHOR TERÁ A SUA GUERRA!

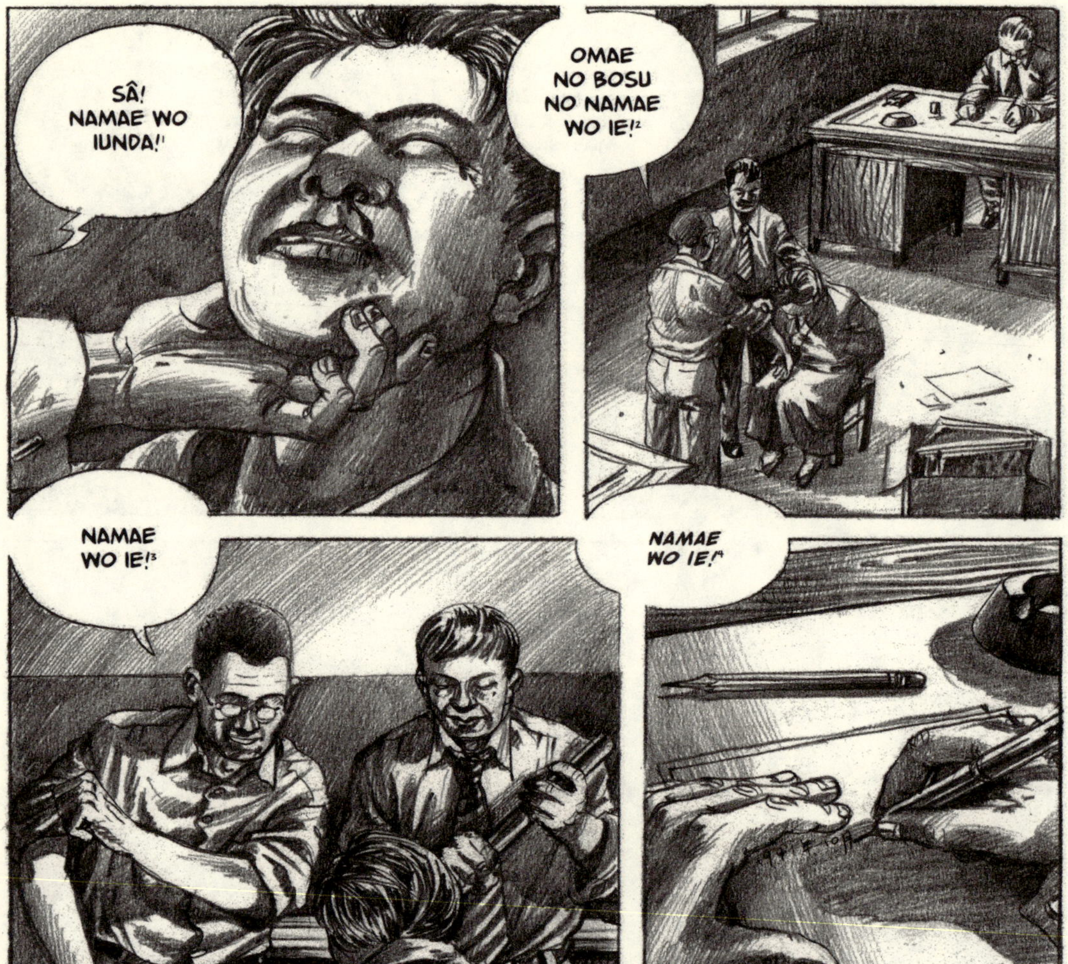

1. VAMOS! DIGA O NOME!
2. DIGA O NOME DO SEU CHEFE!
3. DIGA LOGO!
4. DIGA LOGO!
5. DIGA LOGO!

JÁ VOLTO, SRA. BERCHEM!
BOM DIA, RICHARD! COMO VOCÊ ESTÁ?
AH, FICO FELIZ EM SABER! FIQUEI PREOCUPADA!
EU?
O DE SEMPRE...
SIM, É BEM ABORRECIDO...
MEU PAGAMENTO PELO CONCERTO EM KARUZAWA AINDA NÃO FOI DEPOSITADO E AGORA ESTOU SEM DINHEIRO.
ISSO É ULTRAJANTE! IREI LEVAR-LHE ALGUM DINHEIRO!
TEM CERTEZA? SE AINDA ESTÁ COM FEBRE...
EU ESTOU BEM. PASSO AÍ DAQUI A POUCO!
ESTÁ BEM! É MUITO AMÁVEL DA SUA PARTE!

O QUE ESTÁ FAZENDO?
O SENHOR NÃO PODE SE LEVANTAR!
ESTÁ COM FEBRE ALTA!
NÃO PRECISO MAIS DA SENHORITA!
MAS, DR. SORGE...
EU AGRADEÇO SEU ESFORÇO, MAS CONSIGO ME VIRAR SOZINHO!
MAS...
O QUE A EMBAIXATRIZ IRÁ DIZER?
ENVIE A ELA OS MEUS CUMPRIMEN-TOS, LAMENTO...
O QUÊ?
TEVE SORTE, SRTA. BERGER! MERECE ALGO MELHOR QUE EU!

... ME ENVIAM ESSA CRIANÇA E ACHAM QUE VOU CORRER ATRÁS DELA!
AH, RICHARD... ELES TE ENVIARAM UMA ENFERMEIRA...
QUEREM O SEU BEM!
BOBAGEM! QUERIAM É ME JUNTAR COM A MENINA, PORQUE NÃO PODEM TOLERAR O FATO DE ESTARMOS JUNTOS! QUEREM ME TER SOB CONTROLE NOVAMENTE!
VOU FAZER UM CHÁ!
MAS EU NUNCA IRIA TOCAR NESSA CRIANÇA...
NUNCA!
QUE TIPO DE PESSOAS SÃO ESSAS?

1. OLHE! ESSAS SÃO INFORMAÇÕES CONFIDENCIAIS DA COMPANHIA FERROVIÁRIA DO SUL DA MANCHÚRIA...
2. FOI O OZAKI QUEM CONSEGUIU ISSO?
3. AQUELE LACAIO DO KONOE... SE ALGUÉM SOUBER DISSO...
4. CONTINUEM O INTERROGATÓRIO!
5. EI! PEGUEM-NO!

1. SERÁ QUE MORREU?
2. SAIAM DAÍ! SAIAM!
3. AINDA TEM PULSO.
4. LEVANTEM-NO!

NA PRÓXIMA SEMANA FAREI MEU PRIMEIRO CONCERTO AQUI EM CASA! ESPERO QUE POSSA VIR!
É CLARO!
ATÉ LÁ, PRECISA-REI DE SOSSEGO PARA TRABALHAR...
RICHARD, VOCÊ NÃO ESTÁ SE SENTINDO BEM?
SÓ ESTOU UM POUCO ZONZO... É MELHOR EU VOLTAR PARA CASA.
NÃO DEVERIA TER VINDO, TUDO ISSO POR CAUSA DESSE DINHEIRO IDIOTA...
ATÉ LOGO, PEQUENA...
RICHARD, O TÁXI!
MELHORAS!
E MUITO OBRIGADA!
UFA!

HORRÍVEL! ATÉ HOJE TENHO A CONSCIÊNCIA PESADA!
ESTAVA TÃO ALIVIADA QUANDO ELE FINALMENTE FOI EMBORA. APESAR DE QUE ELE HAVIA, MESMO COM FEBRE, VINDO PARA ME AJUDAR!
MAS SEUS DISCURSOS CONTRAS OS OTT ME DAVAM NOS NERVOS! ELE ME PERTURBAVA PROFUNDAMENTE.
NAO SABIA, É CLARO, QUE ESSA SERIA A ÚLTIMA VEZ QUE O VERIA!

1. PAPAI, O TIO MIYAGI TÁ DEMORANDO PRA CHEGAR, NÉ?
2. ELE NÃO VAI DEMORAR, QUERIDA
3. ENQUANTO ISSO, POSSO BRINCAR LÁ FORA?
4. SIM...
5. SÓ NÃO VÁ MUITO LONGE
6. PORQUE ELE NÃO VAI DEMORAR... ESPERO

1. OLÁ! BEM, OBRIGADO. ESTOU ME SENTINDO MELHOR HOJE...
2. O QUE ACONTECEU?
3. ... POR QUANTO TEMPO VOCÊ ESPEROU? E ELE NÃO LIGOU?
4. ELE VAI APARECER LOGO? TENHO CERTEZA! NÃO FIQUE EM PÂNICO!
5. SIM. TE VEJO AMANHÃ!

1. FUI EU QUE TRANSMITI AS INFORMAÇÕES VINDAS DO OSAKI...
2. SIM.
3. PARA QUEM? DIGA O NOME!
4. FOI PARA O JORNALISTA ALEMÃO, SORGE, NÃO FOI?
5. SIM
6. ELE É ESPIÃO DO COMINTERN, COMO VOCÊ?
7. VAMOS, FALE!
8. S-SIM!
9. ÓTIMO. JÁ CHEGA!

KONOE RENUNCIOU! A GUERRA COM OS ESTADOS UNIDOS É QUESTÃO DE POUCO TEMPO!
ENVIEI MAIS PEDIDOS DE DEMISSÃO...
ACHA QUE DESSA VEZ ELES VÃO ESCUTAR?
NÃO...
ELES VÃO NOS DEIXAR APODRECER AQUI!
ESPERE AQUI, VOU PERGUNTAR SE MEU CARRO ESTÁ PRONTO...

ÀQUELA HORA, ELE JÁ SABIA QUE NÃO TÍNHAMOS MAIS NADA PARA FAZER ALI. NO ENTANTO, NÃO FEZ NADA PARA NOS MANTER EM SEGURANÇA.

TALVEZ NÃO QUISESSE ACREDITAR QUE MESMO OS MEMBROS EUROPEUS DA ORGANIZAÇÃO ESTIVESSEM EM PERIGO...

EU JÁ TINHA HAVIA MUITO TEMPO DECIDIDO PARAR COM O TRABALHO PARA A ORGANIZAÇÃO. POR ISSO, DISSE AO SORGE QUE NÃO ENVIARIA MAIS AS SUAS MENSAGENS...

VOCÊ ***QUERIA*** DIZER A ELE...

ENTRE!
VAMOS A ALGUM LUGAR ALMOÇAR!
NÃO PENSEI QUE ELES CONSEGUIRIAM ARRUMAR O CARRO!
SOBRE OS TELEGRAMAS... AH...
O QUE TEM ISSO, CLAUSEN?
AH...
NADA IMPORTANTE.
HUM...
ALGO ESTRANHO... O "JOE" DESAPARECEU.
O QUÊ?!

ACREDITA QUE ELE FOI PRESO?
SE FOI PRESO, NÓS TODOS ESTAMOS EM PERIGO...
AH, MERDA!
NÃO TEM NADA CONFIRMADO, CLAUSEN!
TENHO UM ENCONTRO AMANHÃ COM "INVEST", DEPOIS VEREMOS O QUE FAZER.
CONTROLE-SE, CLAUSEN!
...NAO IRÁ ACONTECER NADA CONOSCO!
SAQUÊ, OKAWARI!

1. SENHOR OZAKI?

2. SIM.

1. ENTREM.
2. TERÁ QUE VIR CONOSCO...
3. ESTÁ BEM.
4. SOUBEMOS QUE ENTREGOU INFORMAÇÕES CONFIDENCIAIS A UM ESPIÃO DA RÚSSIA CHAMADO SORGE...
5. NÃO CONHEÇO NENHUM ESPIÃO CHAMADO SORGE.

亜細亜食堂

1. ASSINE AQUI...
2. COLOQUEM A CASA DE OZAKI SOB VIGILÂNCIA, IMEDIATAMENTE. COM ESCUTAS NO TELEFONE!
3. E O MESMO VALE PARA AS CASAS DE CLAUSEN E VUKELIK!

"JOE" E "INVEST" NÃO APARECERAM PARA O NOSSO ENCONTRO...
COINCIDÊNCIA!
ELES DEVEM TER SEUS MOTIVOS!
DOENÇA, TALVEZ...
OU ALGUM PROBLEMA FAMILIAR...

ACREDITA REAL-
MENTE NISSO?
O FATO DE OS INFORMANTES TEREM SUMIDO É UM ALERTA, SORGE!
O QUE VAMOS FAZER AGORA? NÃO QUERO VOLTAR PARA MOSCOU!
... E BERLIM? QUE TAL BERLIM?

COMO? A GUERRA INTERROMPEU AS ROTAS DE VIAGEM!
SE A CENTRAL QUISER NOS ENVIAR A BERLIM, ENCONTRAREMOS UM CAMINHO!
... EXISTEM MANEIRAS DE FURAR O BLOQUEIO!
SIM! NÓS PODEMOS NOS RECRUTAR COMO MARINHEIROS!
PFF, O OCEANO ÍNDICO ESTÁ CHEIO DE SUBMARINOS E CONTRATOR-PEDEIROS.
NOSSA CHANCE É DE CINQUENTA POR CENTO...
MELHOR QUE FICAR AQUI E DESPERDIÇAR NOSSAS HABILIDADES.
VOU PARA CASA.
MINHA ESPOSA ESTÁ MUITO PREOCUPADA.

1. BOA NOITE, SR. CLAUSEN! PARA ONDE O SENHOR ESTÁ INDO?
2. ESTOU INDO PRA CASA...
3. MINHA MULHER ME ESPERA...
4. NESTE CASO É MELHOR SE APRESSAR!
5. BOA NOITE, SR. CLAUSEN.

MAX!
DESCULPE-ME, DEMOROU MAIS QUE O ESPERADO...
VOLTE PARA CIMA, EU IREI EM SEGUIDA!
MAX! O QUE ESTÁ ACONTECENDO?
É ALGO COM O SORGE?
ESTÁ TUDO BEM, ANNA!

POR FAVOR, LIGUE PARA O "INVEST" NO ESCRITÓRIO DELE.
SUL DA MANCH... TREM SUL DA MANCHÚRIA.
MAS NÃO SEI O SEU NOME...
COMO É QUE DEVIA SABER...?
OZAKI, O FAMOSO JORNALISTA...
ESTE NOME O SENHOR DEVE CONHECER!
TODOS CONHECEM O OZAKI. LIGUE PARA O "CONTEMPORARY JAPAN" E PERGUNTE PELO ENDEREÇO, PERGUNTE!
CERTO, LIGO AMANHÃ CEDO!
ÓTIMO!

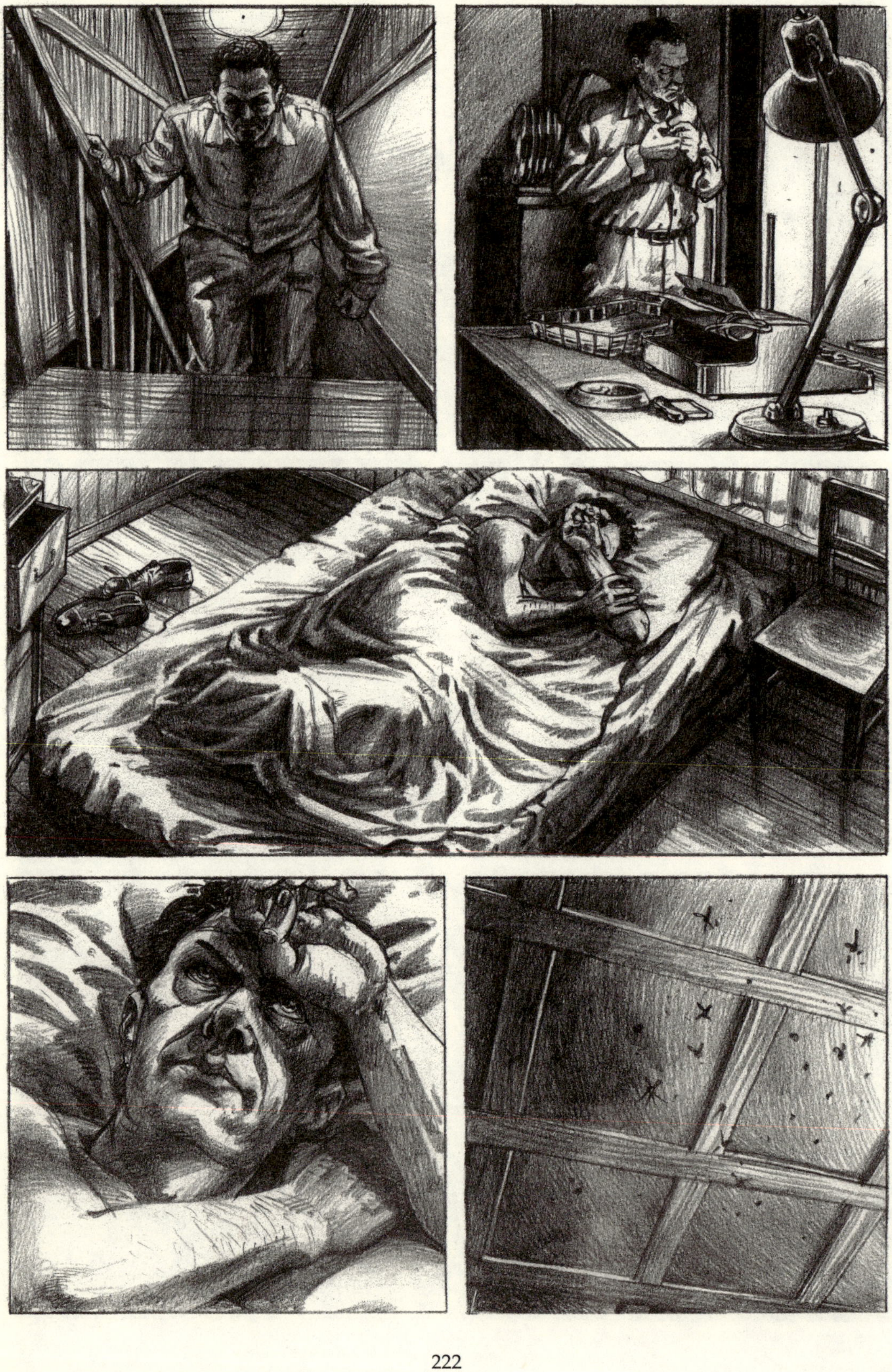

1. SOU O SARGENTO AOYAMA SHIGERU.
2. POR FAVOR, VISTA-SE E VENHA CONOSCO!
3. RÁPIDO, POR FAVOR!

1. PARA ONDE ESTÃO LEVANDO MEU MARIDO?

2. NÓS MANDAREMOS NOTÍCIAS, SENHORA VUKULIC.

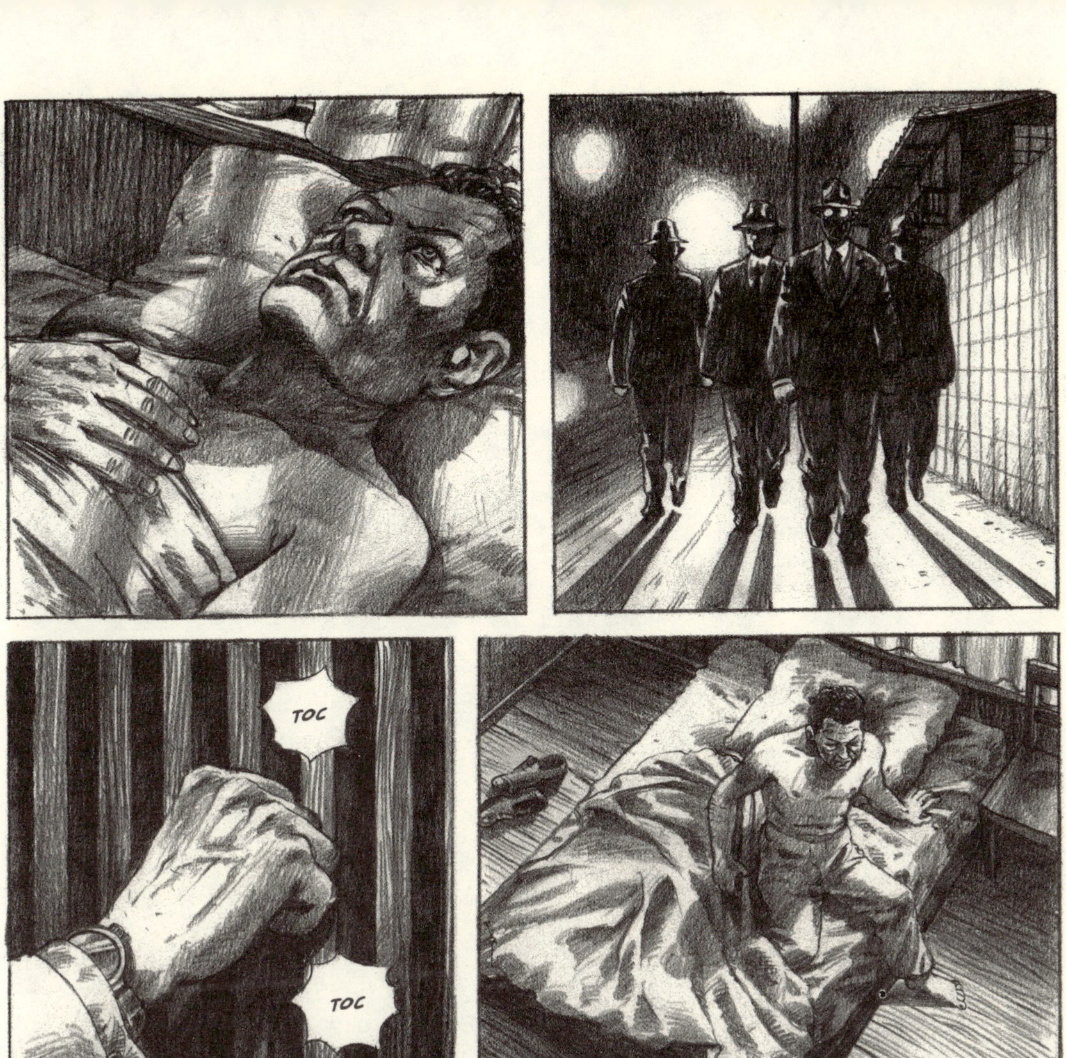

1. SIM?
2. SOU O INSPETOR ASSISTENTE OHASHI HIDEO...
3. POSSO FALAR COM O SENHOR?

4. SIM, CLARO...
5. ENTRE, POR FAVOR!

1. É UM POUCO CEDO PARA UM DRINK...
2. PERMITA-ME QUE ME VISTA, JÁ VOLTO...
3. NÃO O DEIXEM FUGIR!
4. TRAGAM UM CASACO PARA ELE
5. SIM

FUI INFORMADO NO SÁBADO À NOITE, PELO MINISTRO DO EXTERIOR JAPONÊS, QUE O DR. SORGE HAVIA SIDO PRESO SOB SUSPEITA DE ESPIONAGEM E, COM ELE, UM OUTRO CIDADÃO ALEMÃO...

PENSEI QUE SE TRATAVA DE UMA AFRONTA ANTIALEMÃ DA BUROCRACIA JAPONESA... ALÉM DO MAIS, OS ARTIGOS DO SORGE PARA O "FRANKFURTER ZEITUNG" FORAM BASTANTE CRÍTICOS...

...UM CASO TÍPICO DE HISTERIA DA ESPIONAGEM JAPONESA! NÓS ESTÁVAMOS TODOS INDIGNADOS E EU PROTESTEI VEEMENTEMENTE!

OS JAPONESES GARANTIAM TER PROVAS. MAS EU NÃO PODIA ACREDITAR QUE NOSSO AMIGO NOS HAVIA ENGANADO DESSA FORMA...

MAS QUE DISPARATE! O HOMEM ESTÁ LIMPO! EM 1937 O PARTIDO ATÉ O QUERIA PARA LÍDER DO COMITÊ LOCAL!
... VOU PESSOALMENTE ATÉ O MINISTRO DO EXTERIOR...
... E VOU BATER COM O PUNHO NA MESA!
HELMA, POR FAVOR!
... E SE HOUVER ALGO DE VERDADE NESSA HISTÓRIA?
BOBAGEM! SORGE É FILIADO HÁ CINCO ANOS AO PARTIDO! UM NACIONAL SOCIALISTA NÃO *PODE* SER UM ESPIÃO SOVIÉTICO!
NO ENTANTO, NÓS PRECISAMOS CUIDAR DA REPUTAÇÃO DA EMBAIXADA!
... E DA REPUTAÇÃO DO NOSSO EMBAIXADOR.
O QUE DIRÃO EM BERLIM, QUANDO FICAREM SABENDO QUE O HOMEM QUE OS JAPONESES DESMASCARARAM COMO ESPIÃO SOVIÉTICO TINHA LIVRE ACESSO AQUI?!
PARA AS PESSOAS NA EMBAIXADA VIGORA IMEDIATAMENTE UM BLOQUEIO DE INFORMAÇÕES! SE ALGUÉM PERGUNTAR PELO SORGE, ELE ESTÁ VIAJANDO.
PRECISO CONTATAR BERLIM...

ESSE ASSUNTO É AGORA PROIBIDO! TODA CONVERSA SOBRE O ASSUNTO PRECISA CESSAR!
SIM, SIM...
QUERO VÊ-LO IMEDIATAMENTE!
SIM, DIGA A ELES QUE, SE NÃO LIBERAREM O NOSSO SORGE, FAREMOS UM ESCÂNDALO!
QUERIDA SRA. OTT...
... OS JAPONESES NÃO IRIAM ARRISCAR UM INCIDENTE DIPLOMÁTICO E PRENDER O SORGE SEM TER ALGUM MOTIVO.
ENTÃO, O QUE PODEMOS FAZER?
NADA!
A PERGUNTA NA VERDADE É: O QUE FARÃO CONOSCO?

MAESTRINA, AGRADECEMOS MUITO PELA SUA VINDA.
FOI UM PRAZER VOLTAR A TOCAR AQUI.
HAHA! A SENHORA TEM CIRCULADO MUITO...
SIM, JÁ ME SINTO EM CASA! EU ME ENCONTRO COM COLEGAS JAPONESES, DOU CURSOS, ESTUDO MÚSICA JAPONESA...
JÁ OUVI FALAR SOBRE OS SEUS CONCERTOS EM CASA!
OH, SIM! UM GRAN-DE SUCESSO...
DA ÚLTIMA VEZ, TRINTA E CINCO PESSOAS SE APERTARAM LÁ!
E O SENHOR ESTÁ MAIS QUE CONVIDADO, SE QUISER! A IDEIA, ALIÁS, FOI DO SORGE...

A PROPÓSITO...
ONDE ELE ESTÁ? JÁ FAZ MAIS DE UM MÊS QUE NÃO O VEJO!
BEM... QUEM É AMIGO DO SORGE SABE QUE É FREQUENTE QUE ELE DESAPAREÇA POR MESES OU ATÉ MESMO POR ANOS!
DESCULPE-NOS, SRA. HARICH-SCHNEIDER.
HUMM... POSSO BUSCAR-LHE ALGO PARA BEBER?
SIM, OBRIGADA, TENENTE KÖLLN!
NO MOMENTO, ESSE NÃO É UM TEMA BEM-VINDO.
PODE-ME DIZER O QUE HÁ COM OS OTT?
PERGUNTEI SOBRE O DR. SORGE E ELES SIMPLESMENTE ME DEIXARAM AQUI PLANTADA!

A SITUAÇÃO ERA PARA MIM MUITO INQUIETANTE. UM MISTÉRIO. DECIDI PERMANECER CALADA PARA NÃO PREJUDICAR EVENTUALMENTE O SORGE...

NO DIA 7 DE SETEMBRO, PEARL HARBOR FOI BOMBARDEADA E, NO DIA 12 DE DEZEMBRO, FICAMOS SABENDO QUE TAMBÉM ESTÁVAMOS EM GUERRA COM OS EUA!

FOI APENAS NO DIA 16 DE DEZEMBRO, QUASE DOIS MESES DEPOIS DA PRISÃO DO SORGE, QUE SOUBE PELA SENHORA ARAKI, UMA AMIGA DOS OTT, O QUE SE PASSARA COM ELE!

EU E A SRA. ARAKI TIVEMOS UM ALMOÇO EM CASA E, QUANDO ESTÁVAMOS SENTADAS PERTO DA LAREIRA, ELA ME REVELOU QUE O SORGE ESTAVA NA PRISÃO SUGAMO...

1. ELE PASSOU OS PLANOS ALEMÃES DIRETO PARA STALIN...
2. E CONFESSOU TUDO! OTT ESTAVA EM SUGAMO PARA VÊ-LO.
3. DISSERAM QUE SORGE SIMPLESMENTE RIU NA CARA DELE.
4. NINGUÉM JAMAIS IMAGINOU UMA COISA ASSIM! ELE REALMENTE É UMA PESSOA EXTRAORDINÁRIA!
5. MAS O QUE PODEMOS FAZER?
6. NADA PODE SER FEITO...
7. ELE VAI PASSAR MUITO TEMPO PRESO...
8. ELES NÃO PODEM ENFORCAR UM HOMEM BRANCO, PODEM?
9. POR FAVOR, NÃO COMENTE O ASSUNTO COM NINGUÉM, OS ALEMÃES NÃO QUEREM FOFOCAS!
10. VOCÊ E O SR. OTT NÃO TÊM O QUE TEMER.
11. O SR. YOSHIKAWA É UM HOMEM FINO. VAI MANTER VOCÊS FORA DISSO. EXISTEM MUITAS OUTRAS EVIDÊNCIAS.

... SORGE TRABALHOU COMO REDATOR NUM JORNAL COMUNISTA, ANTES DE OS RUSSOS O ENVIAREM PARA A ÁSIA...
APARENTEMENTE, NÃO FOI MUITO DIFÍCIL DESCOBRIR ISSO. MEISINGER ESTÁ FORA DE SI, A GESTAPO FALHOU COMPLETAMENTE E NÓS PARECEMOS UNS IDIOTAS!
PODEMOS APENAS LIMITAR OS DANOS!
A MINHA CABEÇA TAMBÉM ESTÁ EM JOGO...
TODO MUNDO SABE COMO EU CONFIAVA NELE...
O MUNDO TODO NÃO, APENAS ALGUMAS PESSOAS. QUASE TODOS OS FIÉIS!
E OS OUTROS?
VÃO MANTER A BOCA FECHADA, EU CUIDO DISSO.
UMA COISA FIQUE CLARA, SENHOR KORDT: SE EU CAIR, O SENHOR CAI COMIGO!
E OS ADIDOS MILITARES ESTÃO TRABALHANDO PARA ME TIRAR DO POSTO.

SENHOR KORDT, O QUE É TÃO IMPORTANTE PARA QUE EU...
POR FAVOR, SENTE-SE, SRA. HARICH-SCHNEIDER.
É ALGUMA COISA COM AS MINHAS FILHAS? O SENHOR TEVE NOTÍCIAS DE BERLIM?
PARE COM O TEATRO, ISSO É REPULSIVO!
A SENHORA SABE EXATAMENTE DO QUE SE TRATA!
NÃO, EU...
SUA CONDUTA MORAL PREJUDICA A IMAGEM DA COMUNIDADE ALEMÃ...
NO FUTURO, A SENHORA SERÁ MAIS RECATADA E LEVARÁ UMA VIDA DECENTE! SENÃO, HAVERÁ CONSEQUÊNCIAS!
ENTÃO, ISSO É SOBRE SORGE E EU!
MAS O QUE QUEREM OS OTT...?

DEIXE A SAGRADA PESSOA DO EMBAIXADOR E SUA ESPOSA FORA DISSO!
CASO A SENHORA SE ATREVA MAIS UMA VEZ...
O SENHOR NÃO PODE ME AMEAÇAR. IREI RECLAMAR DO SENHOR!
CALE-SE!
SE UMA PALAVRA DO QUE FOI DITO NESSA SALA SAIR DAQUI, DEUS TENHA PIEDADE DA SENHORA!
VAI CUSTAR A SUA CABEÇA!

...NÃO SEI COMO CHEGUEI EM CASA! É CLARO QUE CORTEI RELAÇÕES COM O SR. KORDT!
DEPOIS DE 15 DE MAIO, O OTT NÃO PÔDE MAIS DISSIMULAR! TODOS OS JORNAIS JAPONESES DAVAM DESTAQUE PARA O CASO. MAS O OTT INSISTIA QUE ERA UM ERRO JUDICIAL, OU FICAVA CALADO.
PARA MIM, ERA CLARO QUE OS DIAS DO OTT NO JAPÃO ESTAVAM CONTADOS. A CONFIANÇA NA EMBAIXADA ALEMÃ ESTAVA ARRUINADA, A PERDA DE PRESTÍGIO DELE ERA IRREVERSÍVEL...
POR FIM, NO DIA 25 DE NOVEMBRO DE 1942 ELE FOI DESTITUÍDO. ANTES DISSO, O KORDT JÁ HAVIA SIDO TRANSFERIDO PARA A CHINA. OS OTT ME FIZERAM UMA GENTIL VISITA DE DESPEDIDA.

ENQUANTO AS ROTAS DE VIAGEM CONTINUA-REM INTERROMPIDAS, NÓS IREMOS NOS ESTABELECER NA CHINA...
ASSIM, NÓS DEIXAREMOS A TODOS, QUERIDA MAESTRINA!
ESPERO QUE VOCÊS POSSAM ALGUM DIA PERDOAR O SEU AMIGO SORGE.
DESCULPÁ-LO, QUERIDA MAESTRINA?
A SENHORA ACREDITA QUE FUI DESTITUÍDO POR CAUSA DO SORGE?
NÃO, A VERDADE É QUE RIBBENTROP JAMAIS PERDOOU MEU MARIDO POR ELE TER PROTESTADO CONTRA O TRATAMENTO DADO AOS PRISIONEIROS DE GUERRA.
ESSA HISTÓRIA DE ESPIONAGEM É APENAS PRETEXTO! NA EMBAIXA-DA RUSSA NEM SABEM DA EXISTÊNCIA DO SORGE!
OBRIGADA.
OS JAPONESES ATÉ O OFERECE-RAM PARA UMA TROCA.
MAS OS RUSSOS NEM SE MOVERAM.

E O SENHOR ACREDITA QUE APRISIONARAM O SORGE SOMEN-TE PARA PREJUDI-CÁ-LO?
QUE O SORGE FOI SACRIFI-CADO POR SUA CAUSA?
BEM... A SITUAÇÃO TAMBÉM NÃO É TÃO SIMPLES.
NÃO POSSO ACREDITAR QUE ELE NOS ENGANOU ASSIM. ERA COMO QUE DA FAMÍLIA!
ELE NÃO ENGANOU NINGUÉM, SR. OTT! SEMPRE DISSE ABERTAMENTE O QUE PENSAVA!
E NÓS TODOS O ADMIRAMOS POR ISSO!
O SENHOR MESMO...
POR FAVOR!
NÃO QUERO MAIS FALAR SOBRE ISSO!
É MUITO DOLOROSO PARA MIM.
AH, POBREZI-NHO!

ESTOU CONVENCIDA QUE OTT SABIA MUITO BEM QUAL ERA A POSIÇÃO POLÍTICA DO SORGE. NÃO HAVIA COMO NÃO SABER. SORGE DIZIA CONSTANTEMENTE, NA CARA, O QUE PENSAVA.
É CLARO QUE OTT NÃO SABIA QUE O SORGE ESTAVA A SERVIÇO DOS RUSSOS, MAS ACHO QUE ELE O DEIXOU DELIBERADAMENTE TRABALHAR CONTRA HITLER...
... TALVEZ COMO UMA FORMA DE SEGURO PARA SI MESMO... UM PLANO B... SE POR ACASO...
MAS ELE NÃO PODIA ADMITIR ISSO, É ÓBVIO.

GOSTARIA NESSE MOMENTO DE REFUTAR CERTOS RUMORES: SORGE JAMAIS RECEBEU DO NOSSO LADO INFORMAÇÕES COM AS QUAIS PUDESSE PREJUDICAR A ALEMANHA! PELO CONTRÁRIO!

NÓS RECEBEMOS DELE INFORMAÇÕES CONFIDENCIAIS SOBRE AS RESOLUÇÕES DO GABINETE JAPONÊS. O QUE ACONTECEU FOI QUE ALGUNS ALEMÃES E JAPONESES, MAL-INTENCIONADOS, USARAM O CASO SORGE PARA LIVRAREM-SE DO OTT, QUE LUTAVA POR UMA SOLUÇÃO PACÍFICA!

EU FUI ENTÃO PARA A CHINA, PORQUE NÃO VIA MAIS EM TÓQUIO NENHUMA POSSIBILIDADE DE TRABALHAR NA RESTAURAÇÃO DA PAZ E CONVIDEI O OTT PARA ME ACOMPANHAR...

DEPOIS DA GUERRA, UM JORNALISTA AMERICANO ME CONTOU QUE ELE HAVIA ESTUDADO OS AUTOS DO PROCESSO JAPONÊS E QUE O SORGE FOI REALMENTE EXECUTADO NA PRISÃO SUGAMO! DESDE ENTÃO, MUITAS MENTIRAS TÊM SIDO ESPALHADAS...

O OTT SE REFUGIOU NO PAPEL DE OFICIAL ÍNTEGRO, CUJA CONFIANÇA NO FALSO AMIGO O LEVOU A SER TRAÍDO. FOI ASSIM QUE SALVOU O SEU PESCOÇO!
QUANDO, EM 1951, RUDOLF AUGSTEIN ME PEDIU PARA COLABORAR EM UMA SÉRIE DE ARTIGOS SOBRE O SORGE PARA A REVISTA "***DER SPIEGEL***", O EMBAIXADOR OTT PROCUROU, SEM SUCESSO, ME FAZER CALAR.
EU VIVI O FIM DA GUERRA NO JAPÃO - TÓQUIO FOI DESTRUÍDA PELAS BOMBAS AMERICANAS, ASSIM COMO MUITAS CIDADES NA ALEMANHA...
LEMBRO-ME MUITO BEM DA FOME QUE PASSAMOS NAQUELA ÉPOCA!

1. NÃO! NÃO TEM PARA A SENHORA!
2. P-POR MISERICÓRDIA...
3. NÃO E NÃO! VÁ EMBORA!
4. ALEMÃ DESGRAÇADA...!

CORONEL MEISINGER!
DEUS SEJA LOUVADO!
M...MINHA CASINHA FOI TOTALMENTE QUEIMADA! MEUS PAPÉIS, MEUS MANTIMENTOS, MEU DINHEIRO!
PROBLEMA TEU! TAMBÉM PERDI TUDO.

POR FAVOR...
PODE ME DAR ALGO?
A *SENHORA*, SRA. HARICH-SCHNEIDER?
A SENHORA NÃO PERTENCE À EMBAIXADA! ISSO AQUI É APENAS PARA OS MEMBROS DA EMBAIXADA!
AQUI!
OH, OBRIGADA SRTA. BAUART!
DESDE O ATAQUE QUE NÃO COMO! OS JAPONESES NÃO DÃO NADA...
É... AGORA NÓS SOMOS UM POVO SEM LEI! E OS JAPONESES ACREDITAM QUE NÓS OS DEIXAMOS NA MÃO.
OUVE-SE FALAR QUE ELES IRÃO NOS CERCAR E NOS LIQUIDAR ANTES DE OS AMERICANOS CHEGAREM...

MINHA ESPOSA E EU SOBREVIVEMOS AQUELE TERRÍVEL PERÍODO NA PRISÃO. OSAKI FOI ENFORCADO UM POUCO ANTES DO SORGE, NO DIA DA REVOLUÇÃO RUSSA, NO DIA 7 DE NOVEMBRO. VUKELIC E MYAGI MORRERAM DEVIDO ÀS CONDIÇÕES NA PRISÃO.

QUANDO AS VITORIOSAS TROPAS AMERICANAS, DEPOIS DA CAPITULAÇÃO, ABRIRAM AS CADEIAS, OS AMERICANOS NOS PERMITIRAM PARTIR PARA VLADIVOSTOK. NÓS NOS ENGAJAMOS NA REPÚBLICA DEMOCRÁTICA ALEMÃ, EM PROMOVER PAZ E OS AVANÇOS SOCIAIS.

RECEBEMOS A ORDEM DO ESTANDARTE VERMELHO, A MEDALHA PELA LUTA CONTRA O FASCISMO E MUITAS OUTRAS CONDECORAÇÕES E DISTINÇÕES.

EM 1964, RICHARD SORGE FOI DECLARADO HERÓI NACIONAL PELA UNIÃO SOVIÉTICA!

RUMORES DE QUE O SORGE FOI TROCADO POR PRISIONEIROS JAPONESES SÃO FALSOS. SEUS RESTOS MORTAIS FORAM ENCONTRADOS E IDENTIFICADOS. OS RUSSOS O RENEGARAM ATÉ O FIM!
STALIN COMETEU O ERRO DE IGNORAR AS ADVERTÊNCIAS DOS SEUS AGENTES EM TÓQUIO. POR ISSO ELE DEIXOU AS TESTEMUNHAS SEREM ELIMINADAS PELOS JAPONESES! SOMENTE DEPOIS DA MORTE DO STALIN É QUE FOI PERMITIDO SE FALAR SOBRE O SORGE...
O RICHARD SORGE SE CONVERTEU EM HERÓI E MESTRE DE ESPIONAGEM, "O HOMEM DE TRÊS FACES". EM FILMES E LIVROS ELE FOI ROMANTIZADO COMO *BON VIVANT* E MULHERENGO. PARA MIM, ELE FOI A PESSOA MAIS CORRETA QUE JÁ CONHECI...
PENSO, FREQUENTEMENTE, COMO ESSE "MESTRE DA ESPIONAGEM" ANSIAVA POR FRANQUEZA E DEBATE! NO ANO DE 1955, QUANDO EU CONVERSAVA SOBRE OS VELHOS TEMPOS COM O EMBAIXADOR HOLANDÊS, O ASSUNTO SORGE VEIO À TONA.

O SR. OTT E EU FOMOS COLEGAS. ANTES DE 1938 FUI ADIDO MILITAR AQUI NA EMBAIXADA HOLANDESA...
QUE PENA QUE NA ÉPOCA NÓS NÃO NOS CONHECEMOS!
VIM PARA CÁ EM 1941...
DIGA-ME UMA COISA... A SENHORA TAMBÉM CONHECEU O SORGE?
HAHA.
CONHECER NÃO É O TERMO CORRETO. FOMOS AMIGOS MUITO ÍNTIMOS!
MAS NUNCA SUSPEITEI QUE ELE TRABALHAVA PARA OS RUSSOS. EU O CONSIDERAVA UM DISSIDENTE POLÍTICO ALEMÃO!
MAS EU DEVERIA TER LIGADO OS PONTOS!
AH, PREZADA SENHORA...
EU SOU CULPADO POR OUTRA COISA!
ENCONTREI O SORGE NUMA TARDE NO HOTEL IMPERIAL...
ELE ESTAVA MUITO BÊBADO...

... NEM CHEGUEI A PENSAR EM LEVAR A SÉRIO OU ADVERTIR O OTT...
ELE ME SERVIU UM WHISKY E ME DISSE COM A LÍNGUA ENROLADA:
"SABE QUEM SOU? SOU UM ESPIÃO RUSSO, ISSO MESMO! É ISSO EXATAMENTE QUE EU SOU!".

"O nome Richard Sorge nos é desconhecido."

Uma vida agitada, uma morte trágica: por que Richard Sorge se tornou comunista e espião da União Soviética, como ele enganou os alemães e alertou Stalin – e por que, apesar disso, o ditador não o livrou da forca.

I

Durante as perseguições movidas por Stalin contra trotskistas e supostos trotskistas, Richard Sorge – assim como muitos outros agentes soviéticos no exterior- foi chamado a Moscou. Sorge desobedeceu à ordem, afirmando que era indispensável em Tóquio. Ele sabia o que estava acontecendo em Moscou. Stalin mandou matar dois terços dos integrantes do Partido Comunista, e mais de 5 mil oficiais do Exército Vermelho, além de escritores, artistas, intelectuais, cientistas e qualquer um que fosse suspeito de ter ideias "trotskistas". Mesmo a distância, chegavam os sinais do expurgo stalinista: desde que Sorge chegara ao Japão, dois chefes do serviço secreto militar haviam desaparecido sucessivamente sem deixar rastros.

No entanto, nem a desilusão com Moscou nem a autodestrutiva vida dupla o detiveram, porque Sorge via nisso uma missão que não estava vinculada a uma pessoa ou instituição, mas à convicção de que deveria ajudar a avançar o comunismo. Que uma ideologia domine dessa forma a atividade de quase toda a vida de uma pessoa parece hoje quase impossível de se imaginar, e isso só pode ser esclarecido sob as condições da época. Como então Sorge se tornou aquilo que ele foi?

Jovem de boa família

Sorge esteve unido desde o nascimento ao país para o qual ele espionou e pelo qual finalmente morreu. Ele nasceu em 1895 numa pequena cidade russa perto de Baku, no mar Cáspio, onde seu pai, um engenheiro alemão, trabalhava numa companhia petrolífera. A mãe de Sorge era russa. Em 1898, a família mudou-se para Berlim. Richard viveu uma juventude despreocupada na Alemanha do início do século XX, durante o reinado do imperador Guilherme II.

Ele era um estudante mediano, que se divertia com os esportes e tinha o pensamento dominado pelo patriotismo. O jovem de 18 anos comemorou, assim como fizeram quase todos os seus contemporâneos, a mobilização de 1° de Agosto de 1914. Como tantos jovens alemães, ele saudou o início da Guerra porque viu nela também a chance de se livrar de uma previsível vida burguesa. Em 11 de agosto, o estudante Sorge se alistou voluntariamente.

O aprendizado da Guerra

Sorge se perguntou pela primeira vez a respeito do sentido e da causa da Guerra, quando, dois anos depois, se recuperava no hospital militar de Königsberger de uma grave lesão.

Teve a sorte de poder se fazer essas perguntas: no final de 1914, ele sobreviveu à batalha de Flandres, na qual dez mil jovens recrutas sem treinamento foram sacrificados pelas lideranças militares alemãs. Outras duas estadas no hospital militar não conseguiram mantê-lo longe do front. Em 1916, porém, quando um estilhaço de granada atingiu suas pernas (por isso ele mancou levemente até o final da sua vida), Sorge utilizou o difícil período de recuperação para uma aprendizagem autodidata. Ele leu Kant, Schopenhauer, Marx e Engels e dedicou-se sistematicamente ao estudo da literatura socialista. E tirou conclusões a partir da sua própria situação. O colapso econômico do império alemão, a inflação e a economia de penúria arruinaram também a sua família. "A Primeira Guerra Mundial determinou a minha vida", escreveu Sorge uma década depois num rascunho autobiográfico , depois da sua prisão em Tókio. "Mesmo que outros acontecimentos não houvessem desempenhado qualquer papel, a guerra por si só me tornaria comunista."

Essa convicção política consolidou-se no jovem rapidamente. Sorge permaneceu como soldado, mas como não estava apto para a frente de batalha, conseguiu obter diploma do ensino secundário em 1916 e, em outubro do mesmo ano, iniciou um curso superior na Universidade de Berlim. Em 1917 filiou-se ao USPD, uma dissidência esquerdista do SPD (Partido Social Democrata Alemão), que reivindicava um imediato acordo de paz.

A carreira de ativista político de Sorge começou com uma revolução: em outubro de 1918 cursava a Universidade em Kiel, quando se iniciou ali um grande motim de marinheiros, estopim da revolução popular que derrubou o imperador Guilherme II poucos dias depois.

Richard Sorge, soldado na Primeira Guerra Mundial

Na mesma época, num hospital militar em Mecklenburgo, um outro soldado alemão viu crescer em si um "ódio contra esse fato". "Foi quando decidi tornar-me um político", diz Hitler em seu livro ***Mein Kampf.*** A experiência desse período de mudança histórica representou para muitos contemporâneos um ponto de ruptura levando a uma radicalização política.

Entre camaradas e artistas

Nesse ambiente febril de fim de guerra e colapso financeiro, Richard Sorge não apenas acumula experiência como porta-voz e funcionário do partido USPD, como consegue também, em apenas três anos, concluir sua tese de doutorado. Em agosto de 1919, o jovem de 23 anos defende sua tese sobre a política salarial dos trabalhadores de cooperativas. Depois, torna-se assistente científico na Universidade de Aachen, onde rouba a mulher do seu professor. Em outubro de 1919, Sorge deixou o USPD. Entrou para o KPD (***Kommunistische Partei Deutschlands,*** o Partido Comunista Alemão) e passou o ano seguinte em Solingen como redator do jornal da KPD, ***Bergische Arbeiterstimme,*** e como agitador do partido nas minas da região do Ruhr. Os encontros terminam frequentemente com violentas batalhas campais contra os adversários políticos. Batalhas nas quais Sorge é presença constante.

Em 1922, o irrequieto Sorge aparece em Frankfurt e torna-se assistente no recém fundado Instituto de Pesquisa Social (a famosa Escola de Frankfurt) e ficou no meio de intelectuais e artistas. Mas o trabalho científico é impensável, uma vez que o KPD se tornou temporariamente ilegal e Sorge precisou continuar seu trabalho para o partido de forma clandestina. Em 1924 teve contato pela primeira vez com comunistas russos e no mesmo ano viajou com sua mulher Christiane para Moscou. Sorge torna-se extraoficialmente cidadão soviético e membro do Partido Comunista da União Soviética. Ele aprendeu russo e produziu com muito afinco relatórios e análises para a Internacional Comunista (***Komintern***), que deveria levar a Revolução para o mundo. Sorge está completamente no seu elemento. Sua mulher, no entanto, se cansa do tédio e desolamento do cotidiano em Moscou e o casamento chega ao fim. No isolamento do Hotel Lux, onde os comunistas estrangeiros eram aquartelados, revela-se para Christiane o âmago da personalidade do Sorge: "Ninguém jamais pôde penetrar em sua solidão interna, e era isso que lhe dava completa independência", disse ela quase 40 anos depois em uma entrevista. O próprio Sorge se expressou de forma semelhante ao amigo Erich Correns : "Eu não me prendo a ninguém e não sinto que isso seja necessário para viver... sou tão apátrida que as estradas são meu lugar predileto".

Richard Sorge (à esquerda) e seu amigo Eriich Correns no hospital militar Berlin-Lankwitz

O agente Sorge

Enquanto Christiane retorna à Alemanha no final de 1926, o ***Komintern*** envia Sorge para Estocolmo. É sua primeira missão conspiratória – o

"agente" Sorge entra em cena. Após outras missões internacionais, ele é recrutado pelo serviço secreto soviético [GRU] e enviado para Xangai. Num país despedaçado pelas batalhas entre comunistas e burgueses e que não possuía relações diplomáticas com a União Soviética, ele deveria construir uma rede de agentes. Numa viagem à Alemanha, Sorge tanto reaviva contatos antigos como faz novos. Ali ele tem as portas abertas não apenas devido à sua figura carismática, mas também devido ao seu ferimento de guerra e a leve menção de sua Cruz de Ferro. Quando chega em Xangai, em 1930, traz consigo uma carta de recomendação do Ministério do Exterior alemão, assim como um contrato como correspondente do ***Deutschen Getreide-Zeitung***, um jornal especializado em agricultura. Com artigos bem informados, como "A colheita da soja na Manchúria" e "A crescente exportação de amendoim da China", Sorge ganha o respeito de seus leitores e também da comunidade alemã em Xangai. Seu disfarce é, assim, perfeito. Em apenas alguns meses, Sorge constrói uma rede de informantes da qual fazem parte o telegrafista Max Clausen e o jornalista japonês Ozaki Otzumi, especializado na China. Os dois se tornam mais tarde os principais colaboradores de Sorge em Tóquio.

II

Sorge ficou três anos em Xangai, depois entrou em um acordo com os seus superiores, que precisavam de um agente no Japão. Tóquio tornou-se assim seu novo local de trabalho. Sorge chegou lá em setembro de 1933. Como fez três anos atrás, antes mesmo de partir para o Japão, ele se ofereceu como correspondente para diversas publicações alemãs. No verão de 1933, logo depois que Hitler tomara o poder, isto foi uma manobra arriscada: arriscou que o seu passado como ativista da KPD pudesse ser descoberto. Mesmo assim o plano seguiu adiante - um de seus clientes até enviou uma carta de recomendação a Eugen Ott, adido militar da embaixada alemã. Assim como ocorreu em outras ocasiões, Sorge, o veterano de guerra, conquistou rapidamente e sem muito esforço a confiança do oficial de carreira e depois embaixador Ott. Em 1934, ele filiou-se ao Partido Nacional Socialista Operário Alemão, e se tornou livre de qualquer suspeita dentro da colônia alemã no Japão, que na época contava com cerca de 1000 pessoas.

O microcosmos da embaixada

O resto do mundo seguia à distância, em todos os sentidos do termo, o que acontecia nos anos 30 no longínquo Oriente (veja quadro). Os EUA se encerravam em seu isolamento, a Europa estava suficientemente ocupada consigo mesma, e isso se aplicava de um modo bizarro também ao microcosmo da embaixada alemã em Tóquio. Ali, pode-se dizer que reinava a calma do olho do furacão. Os trabalhadores da embaixada viviam como que dentro de uma redoma de vidro. Para avaliar o comportamento

do país anfitrião, estavam limitados ao que o Japão oficialmente noticiava, ou o que o sempre bem informado Sorge compartilhava. Quando, em 1936, jovens oficiais do Exército Imperial Japonês tentam um golpe de estado, Sorge provê a embaixada com uma análise tão detalhada, que o agradecido Ott o torna na seqüência não somente consultor (e depois adido da impressa), mas também lhe dá acesso a correspondências confidenciais e códigos oficiais. Em julho de 1938, Ozaki, um dos colaboradores mais importantes de Sorge, torna-se parte do círculo de experts do primeiro ministro japonês Fumimaro Konoe. É como se Sorge tivesse colocado um submarino no centro do poder do império.

No entanto, mesmo as informações mais explosivas não têm valor se não lhes é dado crédito: quando Sorge, em maio de 1941, informa a Stalin e seus marechais sobre o iminente ataque alemão – a operação Barbaroxa – o chefe do Kremlin descarta a advertência, classificando-a como uma "duvidosa e errônea". Isso porque Stalin se recusa a acreditar que Hitler romperia o acordo de paz firmado em 1939. Além do mais, Sorge também faz parte daquela imensa lista de comunistas de quem Stalin suspeita. Quando o exército alemão, com um efetivo de três milhões de soldados, invade a União Soviética em 22 de junho de 1941, encontra o exército vermelho completamente despreparado. É um erro que Stalin não comete duas vezes. Em meados de setembro de 1941, Osaki descobre que o governo japonês adiou os planos de ataque a União Soviética por tempo indeterminado. Sorge envia imediatamente a notícia a Moscou. Dessa vez, os soviéticos reagem sem hesitação: transferem para o oeste, para a frente europeia, quase todo o contingente do Exército Vermelho que estava na Sibéria.

Um mês depois, Sorge, Ozaki e muitos membros da organização espiã são presos pela polícia secreta japonesa.

III

Sete semanas depois de Sorge ser desmascarado, em 7 de dezembro de 1941, o Japão ataca Pearl Harbor, a base americana no Havaí. É o início da guerra entre o Japão e os aliados. Enquanto Sorge espera na prisão de Tóquio pelo seu julgamento, o Japão expande seu poderio até Sumatra e Nova Guiné. Demora quase um ano até que americanos, britânicos e australianos consigam deter o conquistador japonês e mais três anos até que, no final do verão de 1945, depois de sangrentas batalhas de ilha em ilha, conseguem chegar ao Japão.

Sorge já está morto neste período – executado em 7 de novembro de 1944, no 27° aniversário da Revolução Russa. O Japão ofereceu várias vezes a liberação de Sorge aos soviéticos (que declaram guerra ao império pouco antes da capitulação), inutilmente. Todas as vezes, a embaixada russa em Tóquio respondeu da mesma forma: "O nome Sorge nos é desconhecido".

O espião relaxa: Sorge na casa de veraneio de Ott, o embaixador alemão

A outra vida de Sorge: heróis do cinema e honraria tardia

O público da Alemanha Ocidental foi pela primeira vez confrontado com a história de Sorge em 1951. Nessa época, o editor da revista ***Spiegel***, Rudolf Augstein, criou a série ***Sorge saß mit uns zu Tisch*** [Sorge senta-se conosco à mesa] com 17 capítulos, baseada nas memórias dos envolvidos e no material produzido pelo serviço secreto americano. Os redatores da ***Spiegel*** não têm, no entanto, acesso aos documentos da União Soviética. A indústria cinematográfica alemã desenterra a história de Sorge em 1954, porém o diretor escolhido para fazer o filme é justamente Veit Harlan, que havia servido ao regime nazista com vários filmes de propaganda, incluindo Jud Süß, o infame clássico do antissemitismo. O resultado, com o título ***Verrat an Deutschland*** [Traição à Alemanha], não passa de uma aventura sensacionalista sem qualquer precisão histórica. Mas a figura provocante de Sorge é ainda material explosivo: a obra de Harlan é considerada pelo ***Freiwillingen Selbstkontrole*** [Organização Autorregulatória do Cinema Alemão] como "favorável ao comunismo" e, por isso, chega às telas alemãs numa versão cortada. Enquanto isso, a União Soviética segue dizendo que não conhece nenhum Richard Sorge. Só em 1964 o Partido reconhece a sua existência. Foi preciso se passarem onze anos depois da morte de Stalin para finalmente haver coragem de se criticar sua negligência com as informações enviadas por Sorge. O ameaçador silêncio de décadas a respeito de Sorge transforma-se em culto a sua pessoa: na ocasião do vigésimo aniversário de sua morte, em novembro de 1964 , Sorge é declarado herói nacional. Um ano antes, surgira o filme ***Wer sind Sie, Dr. Sorge*** [Quem é você, Dr. Sorge?], uma coprodução alemã-franco-italiana. Não é também uma obra de arte cinematográfica, mas encontra seu caminho nos cinemas da Alemanha Oriental, que honra o fiel "espião da paz" à moda socialista: assim como na União Soviética, inúmeras escolas, casas de repouso, creches e associações por todo o território da Alemanha Oriental recebem o nome do espião solitário. A Marinha do Povo da Alemanha Oriental batiza, em 1964, um barco com o seu nome. Junto com as honrarias tardias, os sucessores de Stalin acabam oficialmente com uma lenda contada nos primeiros anos após a guerra: a de que Sorge havia sido entregue em segredo aos russos e que, desde então, vivia na União Soviética.

Frank Giese

No alto, túmulo de Sorge no cemitério Tama, em Tóquio. Embaixo: Uma homenagem a Sorge na Alemanha Oriental, com flores e coral.

Fotos fonte:
P.246: ullstein bild - Keystone Pressedienst
P.253: Deutsches Historisches Museum, Berlim
Todas as demais fotos: ullstein bild

リヒアルト・ゾルゲ
Richard. Sorge
1895-1944

SEIN LEBEN IST UNS VORBILD

O Japão no começo do século 20

Em janeiro de 1930, Sorge pôs o pé num continente que havia décadas, principalmente por causa do Japão, não encontrava paz. O país, muito isolado até o ano de 1850, entrou tardiamente na corrida das potências coloniais, mas em compensação o fez de maneira mais agressiva. Após uma vitoriosa guerra contra a China em 1894/95, o "novato" ganhou em 1904 o duelo contra a Rússia pela hegemonia no Oriente. O império do czar observou impotente como o Japão passou a controlar a Manchúria, antes pertencente à China, anexou a Coreia e estendeu sua área de influência até as fronteiras russas. A partir dessa cabeça de ponte, o Japão tentou, seja pelo brandir de espadas, seja pelas ofertas de cooperação pouco animadoras, tomar outras partes da China. As antigas potências coloniais – Inglaterra, França e EUA – fizeram algumas advertências ocasionais, mas deixaram o Japão agir livremente, até porque a expansão japonesa ao norte da Ásia não prejudicava seus próprios interesses.

O Japão era governado desde 1926 pelo imperador Hirohito, que escolheu, para batizar para sua regência, o lema "Showa", que significa algo como "Era da Paz Iluminada". Mas, apesar disso, o ímpeto expansionista e belicoso da elite japonesa não diminuiu, muito pelo contrário. Além disso, a Marinha e o Exército exerciam constitucionalmente influência sobre a formação do governo. Assim, após uma curta fase de democratização, os militares nacionalistas voltam a ferver de desejo pelo poder. Sua fração mais agressiva, a "Kodo-ha", propagandeia no final dos anos 20 o chamado "Caminho Imperial": o dever de reestruturar o continente asiático sob domínio absoluto do Japão. A União Soviética, ainda enfraquecida pela guerra civil depois da Revolução de 1917 e pela brutal reforma do país promovida por Stalin, teme pela sua Sibéria, especialmente pelas atividades cada vez mais desafiadoras do Japão na Coreia e ao norte da China. O Japão usa incidentes – ataques e escaramuças em região fronteiriça e a identidade dos agentes nunca vem à tona – como pretexto para, com frequência, atacar postos chineses e tropas fronteiriças russas. Em 1931 o Japão torna a Manchúria um estado satélite japonês. Em 1937, os generais de Hirohito provocam uma nova guerra com a China (planejada para ser uma guerra-relâmpago, mas que termina somente com a capitulação do Japão em 1945). Em 1940, assina o Pacto Tripartite com a Alemanha e Itália. As potências do Eixo esperavam que esse pacto de cooperação mantivesse os EUA fora da guerra para que elas pudessem continuar livremente com suas conquistas na Europa e Ásia – tudo em vão, como se revela um ano depois, após Pearl Harbor.

Frank Giese

Selo comemorativo soviético

ПОЧТА СССР 1965
4 к
1895 — 1944
ГЕРОЙ
СОВЕТСКОГО
СОЮЗА
РИХАРД ЗОРГЕ

Morte, prisão ou condecoração: o que aconteceu com o restante dos envolvidos no caso Sorge

No dia 7 de novembro de 1944, quando Sorge foi executado, alguns de seus colaboradores mais próximos já estavam mortos.

Ozaki Hotsumi foi enforcado na manhã do dia 7 de novembro de 1944, pouco antes de Sorge. Na prisão, ele escreveu poemas para sua esposa e sua filha, que foram publicados depois da guerra e tiveram muito sucesso. Sua imagem no Japão mudou também devido a esses escritos: de traidor da pátria ele passou a ser homenageado como um lutador contra a guerra.

Max Clausen, o telegrafista de Sorge, foi condenado à prisão perpétua. E sua mulher, Anna, a três anos de prisão. Depois da capitulação do Japão, em 1945, os soldados americanos libertaram os Clausen, e os soviéticos os levaram até Moscou. Sob o nome Christiansen, eles viveram na Alemanha Oriental, onde o antes marujo Clausen trabalhou na construção civil e em um estaleiro. Em 1964, Erich Mielke, chefe da Stasi (o serviço secreto da Alemanha Oriental), condecorou o casal com a Ordem de Mérito. Clausen morreu em 1979.

Branko Vukelic foi também condenado à prisão perpétua. Em 1944, ele foi transferido para uma prisão no norte do Japão, e sua saúde não resistiu: ele morreu no inverno de 1945/46 de infecção pulmonar.

Miyagi Yotoku também não sobreviveu à prisão: ele morreu em agosto de 1943, antes de seu julgamento ter início.

Eugen Ott transferiu-se com a esposa para Pequim após a sua destituição do cargo de embaixador em 1942. Hitler não permitiu que voltasse a trabalhar como oficial das forças armadas. Após a guerra ele retornou à Alemanha. Escreveu alguns livros e viveu até a sua morte em 1977 na bávara Tutzing.

Erich Kordt, desde 1928 no serviço diplomático e, antes do seu tempo em Tóquio, chefe de gabinete do Ministro do Exterior Ribbentrop, mudou-se para a China em 1943, para a embaixada alemã em Nanquim. Depois da guerra, foi excluído dos serviços diplomáticos da Alemanha Ocidental. Ele se tornou professor de Direito Internacional e morreu em 1969, em Düsseldorf.

Eta Harich-Schneider permaneceu até 1949 no Japão, onde lecionou música no Palácio Imperial. Depois, foi para os Estados Unidos e fez seu nome como especialista em música japonesa. A partir de 1955 lecionou na Escola de Música de Viena. Em sua autobiografia, de 1978, menciona brevemente o "caso Sorge". Ela morreu em 1986 em Viena.

A namorada japonesa de Sorge, Ishii Hanako, depois de uma busca perseverante, encontrou em 1949 a sepultura na qual Sorge foi enterrado como anônimo. Ela fez com que seus restos mortais fossem cremados e as cinzas foram sepultadas no cemitério Tama, de Tóquio. Na sua sala de estar encontravam-se dois bustos de Sorge. Ela morreu em 2000, com 89 anos.

Isabel Kreitz, nascida em 1967, estudou na Universidade de Design de Hamburgo e também na Parsons School of Design, de Nova York. Ela publicou várias histórias em quadrinhos e, desde 1994, uma série de quatro álbuns sobre Ralf, um jovem que surfa nos trens. No Comic-Festival de Hamburgo, em 1997, Isabel Kreitz foi premiada como a melhor quadrinista alemã.

Frank Giese, nascido em 1963, vive e trabalha como jornalista em Hamburgo.

Foto: Thomas Müller, Hamburgo

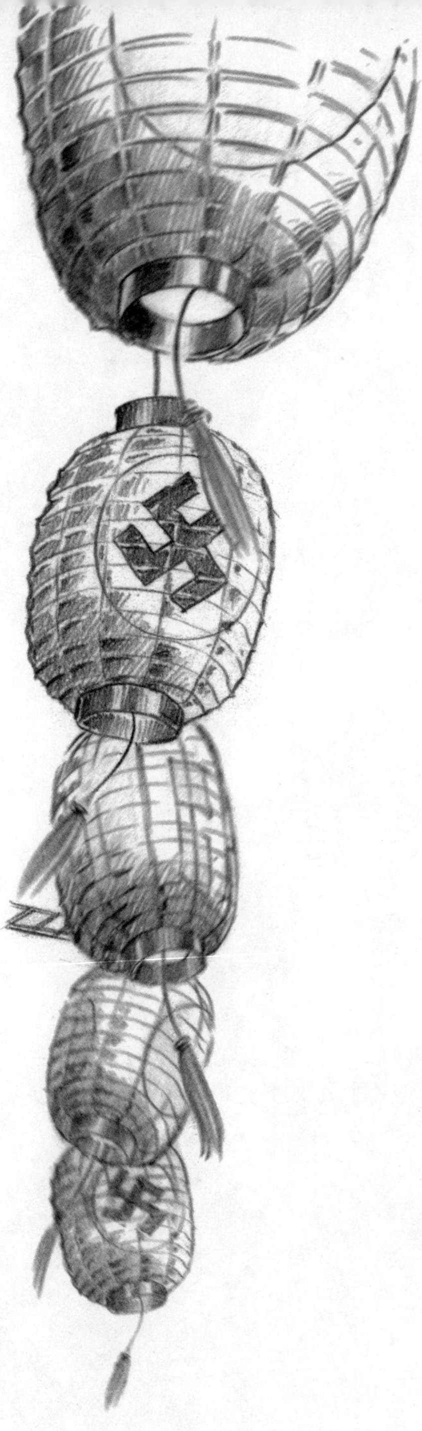